Stuart Truppner

Dauerhaft erfolgreich!

Stuart Truppner

Dauerhaft erfolgreich!

FinanzBuch Verlag

Bibliografische Information der Deutschen Bibliothek:
Die Deutsche Bibliothek verzeichnet diese Publikation in der
Deutschen Nationalbibliografie; detaillierte bibliografische Daten
sind im Internet über **http://dnb.ddb.de** abrufbar.

Illustrationen © 2006: Helge Windisch
Gesamtbearbeitung: Druckerei Joh. Walch
Lektorat: Gerald Pucher, Dr. Renate Oettinger
Druck: Druckerei Joh. Walch, Augsburg

2., unveränderte Auflage 2008
© 2006 FinanzBuch Verlag GmbH
Nymphenburger Straße 86
80636 München
Tel.: 089 651285-0
Fax: 089 652096

Den Autor erreichen Sie unter:
truppner@finanzbuchverlag.de

ISBN 978-3-89879-202-8

Danksagung

Zu diesem Buch haben sehr viele Menschen beigetragen. Es ist unmöglich, sie alle namentlich zu erwähnen. Ich denke vor allem an die vielen Teilnehmer meiner Seminare und Roadshows. Sie sind oft hunderte Kilometer gefahren, um bei meinen Veranstaltungen dabei zu sein. Sehr viele von ihnen haben mir durch ihr Feedback, ihre guten Gedanken und Ideen wertvolle inhaltliche Anregungen gegeben. Zu danken habe ich aber auch denen, die so hervorragende Veranstaltungen organisiert haben, die mich eingeladen haben, die ich besucht habe und die mir E-Mails geschrieben haben. Ich habe aus diesen Begegnungen immens viel gelernt.

Besonders geholfen hat mir mein Freund Andreas Kuschmann. Mit ihm sitze ich zusammen seit meinem ersten Arbeitstag bei Fidelity International in Deutschland, dem 1. Juni 1993. Von seinem ungeheuren Fachwissen habe ich immer wieder profitiert, viel mehr aber noch von seiner Freundschaft.

Ebenfalls dankbar bin ich Klaus-Jürgen Baum, dem Geschäftsführer von Fidelity International in Deutschland. Ich weiß, dass ich Fidelity International viel verdanke. Ich danke den Kollegen, die mich immer unterstützt und mir geholfen haben. Und mich stets inspiriert, zu Neuem angeregt und gefördert haben. Zu nennen sind hier insbesondere Evelyn Muth und Christina Schriegel.

Und zu guter Letzt danke ich Jörg Allgäuer und Bodo Scheffels. Jörg Allgäuer hat mir den Floh mit dem Buch erst richtig ins Ohr gesetzt und alle Schwierigkeiten aus dem Weg geräumt. Bodo Scheffels hat mich redaktionell und inhaltlich unterstützt. Ohne ihre Hilfe wäre dieses Buch nur eine unvollendete Idee geblieben.

Inhaltsverzeichnis

Einführung

Antworten Sie mit „Nein" auf die Frage, ob Sie Ihren Geschäftserfolg dauerhaft steigern wollen? Wohl kaum. Wir alle wollen möglichst maximalen Erfolg. Nicht zuletzt, weil von uns auch immer mehr erwartet und gefordert wird.

Dauerhafter Lebenserfolg ist ein Thema, das in den USA, meiner Heimat, seit vielen Jahrzehnten intensiv diskutiert wird. Hier sind die meisten innovativen Gedanken zu dem Thema entwickelt, die bekanntesten Bücher geschrieben und die erfolgreichsten Systeme erarbeitet worden.

Seit vielen Jahren arbeite ich in Deutschland und habe in dieser Zeit wahrscheinlich mehr als 100.000 Finanzberater und viele Berater aus anderen Branchen kennen gelernt. Ich habe in meinen Seminaren stets versucht, die neuesten und besten Methoden aus den USA auf deutsche Verhältnisse zu übertragen. Das sehr positive Feedback der Teilnehmer hat mich darin bestärkt, mich immer eingehender mit diesem Thema zu beschäftigen und Antworten auf die Frage zu geben: „Wie werde ich dauerhaft erfolgreich?"

Ich habe in der einschlägigen Managementliteratur recherchiert, Seminare und Trainings analysiert, unendlich viele Gespräche geführt und vor allem viel nachgedacht. Dabei habe ich einige sehr hilfreiche Wege gefunden, wie dauerhafter Erfolg zu erreichen ist. Doch das Wichtigste: Durch den Kontakt mit vielen, vielen Beratern habe ich gesehen, was davon wirklich funktioniert und was nur graue Theorie ist. Das habe ich aufgeschrieben.

Ich bin der Überzeugung: Jeder kann Erfolg haben. Erfolg ist definitiv planbar. Es ist nur eine Frage des Willens.

In meinen Seminaren fordere ich die Teilnehmer immer wieder auf: „Schreiben Sie das auf." Ich bin ein großer Freund von Listen. Wenn etwas aufgeschrieben wird, gewinnt es Gestalt. Deshalb habe ich all die

Listen, die ich selbst führe und die ich in meinen Seminaren den Teilnehmern über Jahre immer wieder ans Herz gelegt habe, auch einmal zu einem großen Listensystem zusammengefügt, dem Truppner-Training. Die Listen liegen diesem Buch bei und können Ihnen als Kopiervorlage dienen, denn Sie brauchen sie nicht nur einmal.

Dieses Buch ist eine Anleitung zum dauerhaften Erfolg, ein Wegweiser dahin. Sie werden sehen, es ist kein geschlossenes System, es ist eine Hilfe, ein Trainingsprogramm. Ich habe nicht wissenschaftlich gearbeitet, auch wenn alle Zahlen in dem Buch auf sorgfältig recherchierten Quellen beruhen. Ich erhebe keinen Anspruch auf Unantastbarkeit oder Unfehlbarkeit: Sie sind aufgefordert, mein Erfolgssystem an Ihre Bedürfnisse anzupassen. Das ist die Arbeit, die nach der Lektüre vor Ihnen liegt.

Sie müssen Ihren eigenen Weg finden. Wäre es anders, gäbe es bereits Millionen von erfolgreichen Menschen.

Deshalb: Mein Training gibt Ihnen die notwendige Unterstützung, um sich selbst zu entdecken und damit das Fundament für Ihren Erfolg zu legen. Es bietet Ihnen viele Hilfsmittel, mit denen Sie sich bewusst und konsequent stetig weiterentwickeln und verbessern können.

Das Training besteht aus einem theoretischen Teil, in dem geklärt wird, was eigentlich dauerhafter Lebenserfolg ist. Die drei großen Teile „Die Basis: Sich erkennen", „Der Weg: Sich verändern" und „Das Ziel: Sich vermarkten" bieten praxisbezogene, konkrete Hinweise für den Alltag von Beratern, vor allem Finanzberatern. Auch wenn jeder, der sich verbessern will, in diesem Buch Anregungen findet, gilt mein Augenmerk in erster Linie dem Alltag von Finanzberatern. Schließlich bin ich als Angestellter von Fidelity tief in der Welt der Finanzen verwurzelt.

Teil 1

Das Konzept des dauerhaften Lebenserfolges

1.1 Was ist dauerhafter Lebenserfolg?

» *Viele Menschen sind erfolgreich. Heute. Nur wenige davon sind es auch morgen noch. Viel zu wenige Menschen haben gelernt, dass dauerhafter Erfolg etwas anderes und viel Wertvolleres ist als der schnelle, kurzfristige Aufstieg – und viel Arbeit erfordert. Dabei können die meisten Menschen dauerhaften Lebenserfolg erreichen.* «

Dauerhafter Lebenserfolg besteht darin, unser Denken, unsere Einstellung und unser Verhalten stetig zu verbessern. Wir leben nur einmal. Deshalb versuchen wir, aus allem das Beste herauszuholen. Das gilt für unser Privatleben wie für unseren Beruf.

Ein Kollege, der von einem großen Finanzdienstleister kam, hatte sich vor einigen Jahren selbstständig gemacht. Er baute einen kleinen Vermittlerpool auf und hatte schon nach zwei Jahren Selbstständigkeit etwa 200 Leute, die für ihn arbeiteten. Wow! Er machte Geld, Geld und nochmals Geld und war auch für große Fondsgesellschaften ein wichtiger Partner.

Dann machte er Fehler. Erst kleine, dann immer mehr und schlimmere, nahm es irgendwann mit der Wahrheit nicht mehr so genau und wollte vor allem seine Fehler nicht einsehen. Er war nicht ehrlich zu sich und sagte gegenüber Freunden und Partnern immer wieder: „Alles ist in Ordnung, alles ist gut, alles klappt." Das war natürlich falsch, und jeder konnte es sehen. Seine Partner und seine Kunden wandten sich von ihm ab, und in zwölf Monaten hatte er alles ruiniert, was er vorher aufgebaut hatte.

Ich habe viele Menschen gesehen, die ein, drei oder auch fünf Jahre Erfolg gehabt haben. Sie waren sehr stark und hervorragend in ihrem Beruf, sie hatten ein sehr schönes und angenehmes Privatleben. Doch in mindestens einem der beiden Lebensbereiche war es nach einiger Zeit mit dem Erfolg vorbei.

Für das Privatleben gilt: Erfolg muss nicht materieller Reichtum bedeuten, für viele zählen hier Dinge wie Zufriedenheit in der Beziehung, die Möglichkeit zum Nachdenken und Innehalten oder die Weiterentwicklung der eigenen Persönlichkeit viel mehr. Reisen, bei denen Sie Neues ausprobieren können, oder ein gut gekochtes Essen sind schöne Erfolge im Leben.

Aber wie wir wissen: Die meisten Menschen müssen arbeiten.

Die wichtigste Voraussetzung für ein sehr schönes und positives Privatleben ist deshalb ein dauerhaft erfolgreiches Geschäftsleben. Beide Seiten müssen in einem ausgewogenen Verhältnis zueinander stehen. Den Schwerpunkt lege ich aber ganz bewusst aufs Geschäftsleben, weil wir dafür die meiste Zeit aufwenden. Wer in seiner Arbeitszeit zumeist unzufrieden und gestresst ist, wird diese Unausgeglichenheit auf sein Privatleben übertragen. Und andersherum: Ich zum Beispiel bin etwa 95 Prozent der Zeit sehr glücklich mit meiner Arbeit, ich kann mich sehr damit identifizieren. Und wenn ich nach Hause komme, kann ich auch mein Privatleben wirklich genießen. Ein erfülltes Arbeitsleben ist also ein tragfähiges Fundament für ein glückliches Privatleben.

In den USA sagen wir: Die beste Kombination für ein schönes Leben ist, gesund, dumm und reich zu sein.

Wer das alles hat, braucht nicht weiter zu lesen. Für alle anderen habe ich die besten Rezepte für den dauerhaften Erfolg zusammengestellt.

Die Herausforderung ist, Erfolg auf lange Sicht zu haben, über 20 oder 30 Jahre. Dieser langfristige Blick ist vielen Menschen verloren gegangen.

Wer ein klares Ziel vor Augen hat, schafft es mit Fleiß und ein bisschen Geschick bestimmt, einen Erfolg zu erreichen. Aber ist es das, was wir wollen? Wer unbedingt einen Marathon laufen will, wird das mit Training, ein paar guten Schuhen und ein bisschen Willen auch schaffen, wenn keine schlimme Krankheit oder andere Einschränkungen dagegen sprechen. Aber wird er auch einen zweiten schaffen? Oder gar in den kommenden Jahren jeden großen Marathon der Welt einmal laufen?

Überlegen Sie einmal, was der Unterschied zwischen Bayern München und Werder Bremen ist. Beide sind sehr gute Mannschaften, beide können Deutscher Meister werden, den DFB-Pokal oder sogar die Champions League gewinnen. Werder Bremen schafft das alle paar Jahre einmal wieder. Bayern München dagegen schafft es eigentlich so gut wie jedes Jahr, und wenn es einmal ein Jahr nicht klappt, wird Bayern mindestens Zweiter oder Dritter. Die Bayern arbeiten langfristig. Sie wollen jedes Jahr so gut sein, dass sie Deutscher Meister werden können. Und sie schaffen es. Viele andere Teams, so glaube ich, versuchen erst einmal, einen schnellen Erfolg zu erreichen, und hoffen, dass dann Geld und Ruhm sie weiter nach oben tragen.

Genauso ist es übrigens bei den New York Yankees, deren Spiele ich gerne besuchte, als ich noch in Brooklyn, New York, wohnte und an der Wall Street arbeitete. Die Leistungen dieser Teams, das nenne ich dauerhaften Erfolg – und die Basis dafür ist ganz klar: harte und konzentrierte Arbeit des Managements.

Denken Sie noch einmal an die Fußballbundesliga: Wie viele einst große Vereine stehen jetzt ganz weit unten oder sind sogar abgestiegen? Sehr viele. Und ich behaupte, sie alle hatten das Potenzial, ganz oben zu bleiben. Aber sie haben es nicht genutzt.

Der kurzfristig Erfolgreiche ist schnell zufrieden, lässt in seinen Bemühungen nach und sagt sich: „Schön, ich habe es geschafft, das ist ein toller Erfolg.“ Der langfristig Orientierte arbeitet nach den ersten Erfolgen umso härter weiter.

Ähnliches gilt für den Vertriebsprofi: Es ist nicht schwer, schnell viel Umsatz zu schreiben, wenn man alle Register zieht und alle seine Kontakte einmal bearbeitet. Aber Erfolg versprechend auf lange Sicht ist eine solche Strategie nicht. Wer so viele Jahre im Vertrieb gearbeitet hat wie ich, der weiß, dass dauerhafter Erfolg oft klein anfängt und sich dann langsam steigert. Das beste Tempo ist das Schneckentempo, sage ich meinen Kollegen immer wieder – und ich bin vollständig überzeugt, dass dauerhafter Erfolg nur so zu schaffen ist.

Und durch die permanente Steigerung der eigenen (Arbeits-)Qualität wie auch der eigenen Denkweise. Das gilt für Sportmannschaften wie für jeden Einzelnen, der dauerhaft erfolgreich sein will.

Wie das geht, habe ich in vielen Jahren selbst ausprobiert und immer weiter verfeinert. Eines meiner großen Themen ist der Aufbau von Beziehungen. Daran sehen Sie schon, dass Erfolg langfristiges Denken und stetige positive Veränderung erfordert, denn es ist sinnlos, Beziehungen für zwei oder drei Jahre aufzubauen.

Deshalb: Denken Sie immer nach vorne. Mit den Gedanken immer vorne zu bleiben ist ein wichtiger Schritt. Sehen Sie sich die Brüder Albrecht an, die Gründer von ALDI: Sie wissen, dass es nur eine Frage der Zeit ist, bis wieder einmal schlechte Zeiten kommen werden. Aber sie sind gedanklich darauf vorbereitet und unter anderem deshalb seit Jahren erfolgreich.

Einen Schritt im Voraus zu denken, vorzudenken statt nur nachzudenken macht den Erfolg aus. Sich selbst zu kennen und einzuschätzen ist entscheidend.

Das Rezept für den dauerhaften Erfolg ist einfach:

Arbeiten Sie, denken Sie vor und tun Sie das, was Sie als richtig erkannt haben. Sehen Sie sich Situationen und Menschen an, analysieren Sie, was davon für Sie wichtig und Gewinn bringend ist, und setzen Sie es sofort um.

Der einzige Unterschied zwischen Erfolg und Misserfolg ist der Wille. Der Erfolg beginnt in Ihrem Kopf. Stecken Sie Ihre Ziele neu und klar, gehen Sie jeden Schritt bewusst, aber denken Sie immer daran: Ihr eigentliches Ziel ist der dauerhafte Erfolg und nicht irgendein Zwischenschritt.

→ Dauerhafter Erfolg ist definitiv programmierbar!

→ Dauerhafter Lebenserfolg erfordert:

... *Einen starken Willen*

... *Das Studium der Dinge, die wichtig und Gewinn bringend sind*

... *Jeden Tag etwas Neues zu lernen*

→ Und: Die beste Zeit zu handeln ist jetzt.

Zusammenfassung:

Viele Menschen sind mit zu wenig zufrieden. Die Herausforderung ist, Erfolg auf lange Sicht zu haben, über 20 oder 30 Jahre. Diesen langfristigen Blick müssen Sie zurückgewinnen. Dabei kommt es ganz entscheidend auf Ihren Willen zum Erfolg an.

1.2 Warum sind so wenige Menschen dauerhaft erfolgreich?

» *Beim Erfolg gilt wie in vielen Bereichen die Zehnprozentregel: Im Vertrieb schreiben etwa zehn Prozent der Mitarbeiter 90 Prozent der Umsätze, und das quer durch alle Branchen. Warum können die 90 Prozent nicht von den anderen lernen und sich verbessern? Die Antwort: Die meisten wollen es einfach nicht.* «

Viele Menschen sind wie Strom: Sie nehmen immer den Weg mit dem geringsten Widerstand. Die wenigsten wissen oder wollen wissen, dass Erfolg wirklich machbar ist. Ich bin sicher, dass etwa 99 Prozent der Deutschen, der US-Amerikaner, Franzosen, Italiener, Briten und so weiter alles erreichen könnten. Es gibt in diesen Ländern kaum Hindernisse, ganz wenige Hürden und eine große Bereitschaft, gute Leistung zu honorieren. Trotzdem gilt auch hier die Zehnprozentregel.

Der Grund ist einfach: Der Mensch ist ein Gewohnheitstier. Wenn jemand die Möglichkeit hat, sein Gehalt von sagen wir 2.000 oder 3.000 Euro brutto zu verdoppeln, dafür aber etwas ganz anderes machen, vielleicht umziehen und in jedem Fall umdenken muss, werden sehr viele diese Chance nicht beim Schopfe fassen. Ich behaupte, 90 Prozent werden dieses Angebot ausschlagen, denn auch hier greift die Zehnprozentregel.

Viele Menschen halten ihr Leben für festgelegt und vorbestimmt, sie kommen gar nicht auf die Idee, sich besonders anzustrengen.

Ziele zu verfolgen erfordert Arbeit.

Ein weiterer Grund für dauerhafte Erfolglosigkeit ist die Angst, Fehler zu machen. Wie oft habe ich den Satz gehört und höre ihn immer wieder: „Aber ich habe doch alles richtig gemacht.“ Da kann ich nur sagen:

„Stimmt, Sie haben es ganz hervorragend verstanden, alles so zu tun, wie ein anderer es Ihnen gesagt hat.“

In den USA sagt man dann, dass solche Leute wie Schafe sind, die eine Richtung gezeigt bekommen wollen. Ein gutes Beispiel hierfür ist die Mode: Sie entsteht ja nicht, weil plötzlich ganz viele Menschen unabhängig voneinander beschließen, dass schwarze Baseballkappen verkehrt herum getragen ganz hervorragend aussehen. Nein, ein Mensch macht das vor, und tausende und Millionen machen es nach.

> ***Mode ist niemals klug, deshalb muss man ihr auch nicht folgen. Klug ist sie nur aus Sicht der Modemacher.***

Genauer gesagt: Am Anfang kann Mode durchaus auch sehr klug sein. Aber spätestens dann, wenn sie jeder kopiert, geht die Klugheit verloren.

Und um bei den Schafen zu bleiben: 99 davon sind weiß oder schwarz. Eines vielleicht ist gelb oder gar pink, zumindest sehr auffällig. Das ist dasjenige, dem die anderen nachschauen und dem sie wahrscheinlich folgen werden.

Ich bin sicher, dass 99 Prozent der Eltern ihren Kindern mit auf den Weg geben: „Du musst gut werden, du musst erfolgreich sein in der Schule, im Sport und im Beruf." So wird schon bei Kindern klar, dass Erfolg etwas Gutes ist, das ist gut. Allerdings sind die Rezepte, die die Eltern ihren Kindern mit auf den Weg geben, in der Regel immer die gleichen. Lerne gut, trainiere hart, mach das, was uns schon so erfolgreich hat werden lassen. Aber das reicht nicht. Denn alles, was andere schon gemacht haben, müssen Sie an Ihre eigene Situation anpassen, sonst können Sie damit keinen oder zumindest keinen dauerhaften Erfolg haben.

Wenn alle das Gleiche machen, kann es keinen Erfolg bringen. Ein gutes Beispiel dafür sind die Hedgefonds. Als es einige hundert davon gab, haben sie sehr gute Renditen eingefahren. Sie haben Neues ausprobiert und damit etwas anders gemacht als die vielen anderen Akteure am Finanzmarkt. Und was passierte, als alle mit dem Anderssein Geld verdienen wollten? Die Renditen brachen ein, viele der Hedgefonds schrieben Verluste. Warum? Was die Vordenker anders gemacht hatten, war zum Standard geworden. Und mit Standardlösungen lässt sich nur selten dauerhafter Erfolg erzielen.

Leicht gesagt, aber wie können Sie sich von anderen abheben? Füllen Sie Ihre Ideenkiste. Konzentrieren Sie sich drei- oder viermal pro Woche auf ein Thema, lassen Sie sich dabei nicht von anderen Dingen ablenken. Analysieren Sie das Ergebnis und – wenn es Ihnen gefällt – setzen Sie es um. So schnell wie möglich und ohne Angst, Fehler zu machen. So schlecht kann das Ergebnis nicht sein, wenn es Ihrem Erfahrungsschatz entspringt – und Ihrer Fähigkeit, neue Ideen zu entwickeln und Dinge vorzudenken.

Ich habe über die Jahre viele Strategien dazu ausprobiert – die besten lesen Sie hier.

Haben Sie keine Angst vor Fehlern, haben Sie keine Angst, sich abzuheben und einmal etwas anderes zu tun. Im Gegenteil: Seien Sie anders, tun Sie etwas anderes. Das ist eine sehr solide Grundlage, um dauerhaften Lebenserfolg zu haben.

Zusammenfassung:

Erfolg erfordert Anstrengung. Viele Menschen scheuen die Anstrengung und lassen sich lieber wie Schafe führen, als ihr Leben selbst in die Hand zu nehmen. Seien Sie kein Schaf, nutzen Sie die besten Strategien für Ihren Erfolg.

1.3 Das Truppner-Training

Das Truppner-Training bietet Ihnen den besten Weg zum dauerhaften Lebenserfolg. Meiner Meinung nach müssen Sie vor allem eines: Dinge aufschreiben. Ich selbst führe viele Listen und habe sie hier für Sie einmal zusammengefasst. Wenn Sie dem Truppner-Training folgen, nutzen Sie vor allem die Listen. Sie können oder müssen sie ausfüllen, um sich über verschiedene Punkte klar zu werden. Um die Listen ausfüllen zu können, stelle ich Ihnen in den verschiedenen Kapiteln Fragen. Diese weisen Ihnen die Richtung – zu den besten und ehrlichsten Antworten.

Ich weiß, dass viele Fragen Dinge berühren, die man sich nicht gerne klar macht. Aber genau das ist der Punkt: Sie müssen sich auch unbequeme Dinge vor Augen führen, um positive Veränderungen bei sich anstoßen zu können.

Die Listen bauen zum Teil aufeinander auf, wahrscheinlich brauchen Sie für die eine oder andere auch etwas mehr Platz, als ich aus typografischen Gründen lassen konnte. Sie finden die Listen im Anhang, als Kopiervorlage zur eigenen Weiterverwendung. Die große Übersicht mit den wichtigsten Listen bildet den Kern des Truppner-Trainings. Dazu kommen weitere Listen, die als zusätzliche Hilfe gedacht sind, die Sie ohne weiteres auf einem Blatt Papier anlegen können. Damit wird das Truppner-Training komplettiert.

Und was ist der Zweck all dieser Listen? Ihnen mit dem Truppner-Training den Leitfaden zum dauerhaften Lebenserfolg an die Hand zu geben.

Das Training besteht aus einem theoretischen Teil, in dem geklärt wird, was eigentlich dauerhafter Lebenserfolg ist. Nicht für jeden Einzelnen, sondern ganz allgemein. Dann folgen die drei großen Teile, die ich überschrieben habe mit: „Die Basis: Sich erkennen“, „Der Weg: Sich verändern“ und „Das Ziel: Sich vermarkten“.

Die Basis: Sich erkennen

Um sich selbst zu erkennen, ist es am einfachsten, wenn Sie sich die Erfolgs-Checkliste ganz links auf dem Bogen anschauen. Wenn Sie die Fragen beantworten, ehrlich und ohne Scheu vor sich selbst, dann haben Sie den ersten wichtigen Schritt bereits getan.

Überlegen Sie dann: Was ist mir wichtig? Die Liste der Wesentlichkeiten hilft Ihnen, die wirklich wichtigen Dinge in Ihrem Leben zu erkennen und nach ihrer Priorität zu ordnen.

Sie sollten sich die Liste der Wesentlichkeiten regelmäßig anschauen und überprüfen, ob die Reihenfolge der Punkte noch stimmt. Verändern Sie ruhig die Reihenfolge, denn auch Sie verändern sich. Wenn nicht, machen Sie etwas falsch.

Die Liste der Ausreden ist eine Frage der Ehrlichkeit. Mit welchen Ausreden machen Sie anderen und sich selbst etwas vor? Schreiben Sie sie auf und verwenden Sie sie nicht mehr. Sie werden schnell die positive Veränderung erleben, die Ehrlichkeit zu sich selbst mit sich bringt.

Beide Listen können Sie regelmäßig, aber müssen Sie nicht täglich zur Hand nehmen.

Der Weg: Sich verändern

Der zweite Teil bildet Ihr persönliches Veränderungsmanagement ab. Die Liste der Ziele ist dabei das Kernstück. Tragen Sie auf dem beiliegenden Truppner-Training Ihre konkreten Ziele ein. Diese können Sie mithilfe des Erfolgsbuches kontrollieren. Das Erfolgsbuch führen Sie am besten auf einem getrennten Bogen und aktualisieren es stetig. Es hilft Ihnen, sich auf längere Sicht zu konzentrieren und die Dinge nicht nur zu Ende zu denken, sondern sie auch umzusetzen.

Langfristig sollen Sie sich zu einer einzigartigen Marke aufbauen. Notieren Sie dazu alle Punkte, die Sie von anderen unterscheiden. Erweitern Sie die Liste der Einzigartigkeiten regelmäßig. Neue Punkte finden Sie unter anderem auf Ihrer Ideenliste.

Die Ideenliste gehört zu meinen liebsten Hilfen. Ich habe immer Papier und Stift dabei und schreibe mir spontane Einfälle auf. Tun Sie das auch. Am Wochenende oder wann immer Sie Zeit haben. Prüfen Sie diese Ideen und tragen Sie sie in die Ideenliste ein. Hier schlummern dann Gedanken, die das Zeug dazu haben, Ihnen auf dem Weg zum dauerhaften Lebenserfolg zu helfen.

Das Ziel: Sich vermarkten

Sich selbst zu vermarkten und die eigenen Vorteile auch dem Kunden zu vermitteln fällt vielen schwer. Tragen Sie deshalb als Unterstützung in mein Mentales 4-Punkte-System die wichtigsten Geschäftspunkte dieses Tages ein mit möglichen Lösungen. Das Aufschreiben der wichtigsten Punkte zeigt Ihnen, was wirklich wesentlich ist an Ihrem Tag.

Die Pluspunkteliste ist ganz gezielt für einen Kunden oder ein Kundengespräch gedacht. Schreiben Sie sich auf, was Sie Ihrem Kunden X schon Gutes getan haben, bevor Sie ihn treffen.

Außerdem finden Sie im Truppner-Training die Liste der Erfolge. Es ist schön, sich am Ende eines Tages einmal ein paar Minuten Zeit zu nehmen, um das Positive aufzuschreiben. Fangen Sie mit Ihrem größten Erfolg an, schreiben Sie weitere gelungene Dinge auf und vergessen Sie auch die Teilerfolge nicht. Denn diese sind die Basis für Ihre Erfolge von morgen.

Teil 2

Die Basis: Sich erkennen

2.1 Überprüfen Sie sich genau

> »*Wie ernst nehmen Sie das Thema Erfolg? Wie ehrlich und konsequent sind Sie? Wie konsequent und bewusst verfolgen Sie Ihre eigenen positiven Veränderungsprozesse? Überprüfen Sie sich selbst genau.*«

Viele verschiedene Erfahrungen meines Lebens haben mich in den vergangenen zehn Jahren zu einem zentralen Thema geführt: Es geht darum zu wissen, was das Wesentliche im Leben ist. Die Basis für einen dauerhaften Lebenserfolg ist eine hervorragende Selbstkenntnis.

Wie oft verabreden Sie sich mit sich selbst, um sich selbst besser kennen zu lernen? Wie viel Substanz, Konzentration, Anstrengung und Zeit investieren Sie in sich selbst? Wie konsequent und bewusst verfolgen Sie Ihre eigenen positiven Veränderungsprozesse?

Die meisten Menschen würden sagen, dass sie sich selbst sehr gut kennen. Schon weniger würden sagen, dass sie viel Energie in sich selbst investieren. Ich frage oft: „Warum nicht?“ Die Antwort lautet regelmäßig: „Ich finde mich gut so, wie ich bin, von ein paar Kleinigkeiten abgesehen.“ Würden Sie auch so antworten? Wenn ja, ist es Zeit, dass Sie sich mit sich selbst beschäftigen und dabei etwas feststellen, was eigentlich keiner Erwähnung bedarf: Wer sich nicht verändert, kann sich auch nicht verbessern. Wer sich nicht verbessert, wird von anderen eingeholt, die härter und mehr an sich arbeiten – und damit den dauerhaften Erfolg erreichen, den Sie auch anstreben.

Anhand folgender Fragen können Sie prüfen, wie gut Sie sich selbst kennen.

- → Was oder welche Situationen regen Sie immer wieder auf – und warum?
- → Machen Sie Fehler, wenn Sie unter Druck stehen (z.B. Zeitdruck und/oder Erfolgsdruck)?
- → Machen Sie immer wieder Fehler, die Ihnen schon bekannt sind?
- → Unterschätzen Sie Ihre Fähigkeiten und Möglichkeiten, vor allem auf lange Sicht?
- → Merken Sie oft erst, wenn ein anderer für seine Leistung gelobt wurde, dass Sie etwas Besseres beizutragen gehabt hätten?
- → Wie gehen Sie mit neuen Situationen um – und warum?
- → Wie gehen Sie mit bekannten Situationen um – und warum?

Vielleicht haben Sie sich bei der ehrlichen Beantwortung einiger dieser Fragen dabei ertappt, dass Sie die Antwort zwar schon lange kannten, aber nicht wissen wollten. Das ist nur allzu menschlich, denn die meisten Menschen sind nicht ehrlich zu sich selbst. Aber nur, wenn Sie ehrlich zu sich sind, werden Sie Erfolg haben.

Nehmen Sie Abstand von sich

Am besten ist es, Sie treten ein- oder zweimal pro Woche einen Schritt von sich zurück und versuchen, sich in Ihrem Privatleben wie in Ihrem Berufsleben einmal von außen zu betrachten.

Das Ergebnis ist hilfreich, um sich in Ihrem Umfeld einschätzen zu können, aber auch Fehler oder eingeschliffene Verhaltensweisen zu erkennen, die Ihnen im Alltag gar nicht auffallen. Sie erkennen, wie andere Sie sehen und wie andere Sie und Ihre Leistungen wahrscheinlich beurteilen.

Eine der wichtigsten Eigenschaften erfolgreicher, vor allem dauerhaft erfolgreicher Menschen ist es, sich selbst und ihr Geschäft regelmäßig von außen zu betrachten und sich so ein Stück Objektivität zu verschaffen. Wer sich selbst gut kennt, kann auch seine Wirkung auf andere besser einschätzen und viel besser auf Situationen reagieren – und wird am Ende viel erfolgreicher sein.

Verändern und verbessern Sie sich stetig

Die dritte Frage am Anfang dieses Kapitels lautete: Wie konsequent und bewusst verfolgen Sie Ihre eigenen positiven Veränderungsprozesse? Ich habe diese Frage vielen Menschen gestellt, die ich beraten oder gecoacht habe, und die Antwort war in sehr vielen Fällen: „Bis jetzt habe ich es nicht geschafft, mir darüber Gedanken zu machen, obwohl ich das schon seit langem will.“

Wollen Sie wirklich erfolgreich sein?

Dann sollten Sie diese Fragen beantworten, bewusst und konsequent. Sie bilden den ersten Teil des Truppner-Trainings, die Erfolgs-Checkliste.

→ Habe ich in letzter Zeit für positive Veränderungen bei mir gesorgt?

→ Habe ich mich in letzter Zeit einmal überwunden, etwas zu tun, was mir nicht liegt?

→ Habe ich etwas gewagt, wovor ich lange Angst hatte?

→ Habe ich mich für einige Zeit einmal ausschließlich auf ein wichtiges, zukunftsgerichtetes Thema konzentriert und mich dabei nicht ablenken lassen?

→ Habe ich heute schon eine Idee gehabt?

→ Habe ich heute schon nach einer Idee gesucht?

Testen Sie sich selbst: Wie oft haben Sie für ein neues Jahr gute Vorsätze gefasst, diese aber nicht umgesetzt? Wie oft wollten Sie zum Beispiel abnehmen, mit dem Rauchen aufhören, mehr Sport treiben? Vielen verschiedenen Statistiken zufolge setzen nur etwa drei bis fünf Prozent der Leute ihre Neujahrsvorsätze konsequent um.

Vor allem aber starten die meisten Menschen diese Veränderungsprozesse nicht bewusst. Sie stellen zwar fest, dass sie sich verändern, dass sie anders auf ihre Umgebung wirken, bessere Geschäfte machen oder souveräner werden. Aber woher das kommt und wie sie einen solchen Verbesserungsprozess ganz bewusst steuern, davon haben die meisten keine Ahnung.

In diesem Buch finden Sie einige Werkzeuge, mit denen Sie sich selbst stetig verändern, verbessern und damit immer an der Spitze stehen können – für Ihren dauerhaften Erfolg.

Wichtig ist, dass Sie sich Zeit dafür nehmen. Schnelligkeit ist nur gefragt, wenn Sie mit diesem Veränderungsprozess beginnen: Dann ist jede Minute, die Sie noch warten, verlorene Zeit.

Um unsere „Hochform" zu erreichen in puncto:

→ Gedanken

→ Ideen

→ Kreativität

→ Einfallsreichtum

→ Produktivität und Effektivität

→ Wohlbefinden

benötigen wir Gelassenheit und Konzentration.

Das sind mit Abstand die besten Quellen für unsere Motivation, Energie und Weisheit.

Viele Menschen versuchen, Gelassenheit zu erreichen. Mit Yoga, mit Spaziergängen, auf Reisen oder in Gesellschaft. Ich sage Ihnen: Wer den Weg zum dauerhaften Erfolg einschlägt und sich für das langsame, aber stetige Arbeiten an sich entscheidet, hat die Gelassenheit schon fast gefunden. Eines aber muss klar sein: Der Weg ist nicht lang, sondern endlos, und es erfordert viel Energie, ihn dauerhaft zu gehen. Das müssen Sie wollen, sonst brauchen Sie nicht weiterzulesen.

Es geht nicht darum, dass Sie sich grundlegend ändern, sondern es geht darum, dass Sie das Allerbeste aus sich herausholen.
In jedem von Ihnen steckt ein sehr wertvoller „Schatz". Sie müssen ihn nur finden, hervorholen und für sich optimal und konsequent nutzen.

Zusammenfassung

Treten Sie ab und zu einen Schritt von sich selbst zurück und versuchen Sie, sich so objektiv wie möglich von außen zu betrachten. So erkennen Sie Ihre Stärken und Schwächen. Bauen Sie darauf Ihren stetigen Veränderungsprozess auf. Steuern Sie diesen Prozess und schalten Sie damit den Zufall aus.

2.2 Sie müssen den Erfolg wollen

» *Dauerhafter Erfolg erfordert viel und harte Arbeit. Für den Rest Ihres Lebens müssen Sie immer wieder gute, neue Ideen haben und umsetzen. Klingt unmöglich? Nein, es ist gut zu schaffen – wenn Sie es wirklich wollen.* «

Wie viele Menschen kennen Sie, die den Erfolg nicht wirklich wollen? Ich habe immer einen Fall vor Augen, wenn ich daran denke. Lance, ein Nachbarsjunge bei mir in Brooklyn, spielte mit mir in der Mannschaft Baseball. Und er spielte fantastisch. Er hatte so viel Potenzial, er hätte mit dem richtigen Training irgendwann wirklich das tun können, wovon ich immer träumte: für die New York Yankees zu spielen, das beste Team der Welt.

Aber er wollte nicht. Oder besser: Er spielte immer nur dann toll, wenn er Lust hatte. Wenn er keine hatte – wegen der Schule, seinen Eltern oder aus anderen Gründen –, spielte er einfach nur normal. Leider fand damals niemand den Schlüssel zu seiner Schatztruhe. Der Trainer wusste nicht weiter, wir waren zu jung, um ihm zu helfen. Deshalb hat er nie bei den Yankees gespielt und ist irgendwann auf der Straße gelandet. Er wollte einfach nicht.

Nur ein kleines Beispiel unter Kindern, aber es zeigt:

Sie müssen den Erfolg wollen. Und daran hart arbeiten.

Deshalb: Arbeiten Sie daran, Ihre eigene Qualität permanent zu steigern. Jede gute Oma hat ihren Enkeln das Prinzip bereits mit auf den Weg gegeben: „Von nichts kommt nichts." Daran können Sie denken, wenn Sie sich daran machen, Ihre Qualität immer weiter zu steigern und Ihr Denken immer weiter zu verbessern.

Qualität bezieht sich dabei auch auf Sie als Persönlichkeit und auf Sie in Ihrem Privatleben. Viele Menschen beschäftigen sich nur mit dem Geschäft und vergessen sich selbst.

Das kann nicht funktionieren. Meiner Meinung nach ist „Geschäft“ niemals nur die Frage nach Produkten, Organisationen, nach der besseren Kundengewinnung oder erfolgreichem Arbeiten mit Bestandskunden. Das Geschäft sind Sie. Der Kunde kauft Sie, oder er kauft nichts von Ihnen.

Deshalb ist es so wichtig, dass Sie sich selbst kennen und dass Sie bereit sind, die notwendigen positiven Veränderungen umzusetzen.

Ich behaupte nie von mir, dass ich ein intelligenter Mensch sei. Aber ich denke, dass ich so viel geschafft habe, weil ich immer gelernt und ganz stetig an mir gearbeitet habe. Ich frage mich immer nach einem Termin oder nach einer Woche voller Termine: „Was hättest du hier besser machen können, welchen Fehler hast du gemacht?“ Und das auch, wenn eigentlich alles nahezu perfekt gelaufen ist und ich erfolgreich war.

Es geht immer noch besser.

Bei Ihnen nicht? Vielleicht haben Sie bis jetzt zu sehr versucht, andere, erfolgreiche Strategien zu kopieren, sind einer Management-Theorie gefolgt oder haben sich ein Buch als Leitfaden genommen. Damit kein Missverständnis aufkommt: Ich finde es extrem wichtig, zu lesen und aus Büchern Ideen zu schöpfen. Ich finde es wichtig, Erfolgsstrategien zu kopieren – wenn Sie sie auf Ihre Bedürfnisse zuschneiden können.

Die Herausforderung ist: Wenn alle das Gleiche machen, kann es keine besonderen Erfolge geben. Wenn alle Finanzberater zum Beispiel die Kunden mit den gleichen Anschreiben, den gleichen Themen und den gleichen Produkten ansprechen, werden sie austauschbar und gehen in der Masse unter. Der eine Berater, der etwas anders macht, das eine pinkfarbene Schaf unter den 100 also, wird umso mehr auffallen und Kunden für sich gewinnen.

Sind Sie bereit?

Erfolg ist machbar, wenn Sie ihn wollen, an ihn und an sich glauben und wenn Sie zu harter Arbeit bereit sind. Stellen Sie sich ein paar Fragen, um sich zu vergewissern, dass Sie wirklich dauerhaft erfolgreich sein wollen.

→ Haben Sie in letzter Zeit für positive Veränderungen bei sich gesorgt?

→ Haben Sie sich in letzter Zeit einmal überwunden, etwas zu tun, was Ihnen nicht liegt?

→ Haben Sie etwas gewagt, wovor Sie lange Angst hatten?

→ Haben Sie sich für einige Zeit einmal ausschließlich auf ein wichtiges, zukunftsgerichtetes Thema konzentriert und sich dabei nicht ablenken lassen?

→ Haben Sie heute schon eine Idee gehabt?

→ Haben Sie heute schon nach einer Idee gesucht?

Es ist nicht wichtig, wie viele dieser Fragen Sie mit „Ja“ beantworten. Wichtig ist nur, dass Sie sich von heute an diese Fragen stellen, beantworten und die Ergebnisse Ihrer Analyse bewusst und konsequent umsetzen. Wenn Sie sich auf diese Weise selbst kontrollieren und sich damit auch Ziele setzen, sind Sie bereit für den Aufbruch in Richtung dauerhaften Erfolg.

Zusammenfassung:

Dauerhafter Lebenserfolg ist nicht von heute auf morgen zu erzielen. Um ihn zu erreichen, müssen Sie ihn wirklich wollen. Überprüfen Sie, ob Sie bereit sind, hart an sich zu arbeiten, um Ihre Talente und Fähigkeiten zu nutzen. Und dann starten Sie Ihr Veränderungsmanagement.

2.3 Lernen Sie sich selbst kennen

» *Die Macht der Gewohnheit und die Macht der Selbstverständlichkeit bestimmen vor allem geschäftlich gesehen etwa 90 Prozent der Zeit und sind damit falsche Ratgeber, wenn es um Veränderungsprozesse geht. Trotzdem prägen Routine und Gewohnheiten unser Leben. Lernen Sie sich selbst besser kennen. Machen Sie sich klar, wo bei Ihnen die Routine die Entwicklung hemmt – und tun Sie dann öfter etwas anderes.* «

Wie gut kennen und verstehen Sie sich selbst? Was bedeutet für Sie dauerhafter Lebenserfolg? Haben Sie sich das schon einmal gefragt? Nicht, was Sie kurzfristig, auf Tage, Wochen oder Monate erreichen wollen. Ich meine den dauerhaften Erfolg in Ihrem Leben. Je besser Sie wissen, was Ihnen wirklich wichtig ist, desto mehr Energie und Kraft werden Sie in Ihre Lebensqualität und in Ihren dauerhaften Lebenserfolg investieren. Um diesen Erfolg zu erreichen, müssen Sie vor allem eines: sich selbst gut kennen und verstehen. Sehr wichtig ist, dass Sie sich sowohl in guten als auch in schlechten Zeiten kennen und verstehen.

Es ist wie bei einem Haus: Decken, Wände, das Dach, die Einrichtung, das ist für die Stärke eines Hauses alles nur zweitrangig. Es ist das Fundament, das alles tragen muss. Und es kommt auf die Qualität des Fundaments an! Das Wissen um sich selbst ist wie das Fundament eines Hauses.

Das ganze Leben besteht aus Entscheidungen. Je eher ich die Wahrheit und Realität erkenne, desto schneller werde ich bessere Entscheidungen treffen.

Natürlich ist Ihr Leben von Ihrer eigenen Routine bestimmt, von Bequemlichkeiten und Gewohnheiten. Diese führen uns oft, ich behaupte sogar: in den allermeisten Fällen, in die Irre. Wenn Sie wissen, dass der Kunde nicht ein Produkt oder einen Rat kauft, sondern immer nur Sie, dann wissen Sie, wie wichtig Ihre Selbstkenntnis ist.

Immer wieder zeigt die Literatur und sagt mir die Erfahrung: Etwa zehn Prozent der Vertriebsleute schreiben etwa 90 Prozent der Umsätze – und das quer durch alle Branchen. Eine andere Statistik besagt, dass nur etwa acht bis zehn Prozent der Menschen sich richtig kennen und verstehen. Und ebenfalls nur um die zehn Prozent der Menschen sind wirklich ehrlich zu sich selbst. Die gleichen, die auch dauerhaften Lebenserfolg haben? Ich glaube ja.

Deshalb: Nehmen Sie Ihr Leben in Ihre Hand! Sie – und nur Sie alleine – sind voll und ganz verantwortlich für Ihr Leben: für das, was Sie tun, und – noch wichtiger – für das, was Sie nicht tun! Entfesseln Sie Ihr ganzes Potenzial und gestalten Sie Ihre Zukunft intelligenter als je zuvor!

Was Sie bisher in Ihrem Leben geleistet haben, ist nur eine Vorstufe zu den Zielen, die Sie in Zukunft erreichen werden.

Es ist schwer, die Vergangenheit hinter sich zu lassen, wenn man nicht aus ihr gelernt hat. Sobald Sie aus der Vergangenheit lernen und sie hinter sich lassen, wird Ihre Gegenwart besser werden. In der Gegenwart zu leben heißt, sich auf das zu konzentrieren, was gerade geschieht. Es heißt, das zu schätzen und zu verstehen, was jede neue Erfahrung bringt. Aus der Vergangenheit lässt sich viel für eine noch erfolgreichere Gegenwart lernen.

Wissen Sie, wann Ihr nächster Kundentermin oder die Vorbereitung darauf anfängt? Gleich? Morgen? Übermorgen? Nein, Ihr nächster Kundentermin hat schon vor etwa zwei Jahren begonnen. Denn die Art und Weise, wie Sie die Dinge sehen, bewerten, analysieren, und was Sie tun oder nicht tun, ist von Ihrer Vergangenheit geprägt.

Viele sagen: „Aber das verursacht doch Druck." Da kann ich nur sagen: „Ja, aber es ist ein positiver Druck." Ein Mensch, der nach vorne gehen will, der sich immer positiv verändern will, der verspürt einen leichten, positiven Druck. Und mit dem kann jeder Mensch leben.

Ich suche auch ständig nach neuen Ideen für mein Geschäft und setze sie um. Das ist das, was ich wirklich will: einen leichten, positiven Druck, der dazu beiträgt, meine Arbeitsqualität permanent zu steigern und mein Denken zu verbessern. Zugegeben, wer über Jahre nicht an sich gearbeitet hat, wird es schwerer haben. Aber auch das funktioniert.

Sehen Sie sich an, was in der Vergangenheit passiert ist. Ziehen Sie daraus die wichtigsten Lehren und nutzen Sie diese Punkte für eine erfolgreiche Gegenwart und Zukunft.

Zwar werden sich rasch Fortschritte einstellen, aber seien Sie vorsichtig bei der Interpretation. Denn vielen verschiedenen Psychologen zufolge benötigt ein Mensch mindestens zwei Jahre intensiver Selbstbeschäftigung, um sich selbst wirklich gut zu kennen und zu verstehen. Dabei ist es irrelevant, wie jung oder alt der Mensch ist. Die Selbstkenntnis und der Weg dahin sind unabhängig vom Alter, vom Beruf sowie vom Umfeld im Privat- und Berufsleben.

Das Leben ist sehr schön! Besonders in seinen sinnlichen und glücklichen Momenten!
Das Leben ist eine Einladung, sich selbst besser kennen zu lernen und sich selbst besser zu verstehen! Wissen Sie, ich verstehe nicht, wie man an einem Baum vorbeigehen kann, ohne darüber glücklich zu sein, dass man ihn sieht.

Fragen, die Sie sich stellen sollten:

→ Wie messen Sie Ihren Erfolg und Misserfolg?

→ Wie oft tun Sie das?

→ Welche Lehren haben Sie aus Ihrem letzten Erfolg gezogen?

→ Welche Konsequenzen hatte Ihr letzter Misserfolg?

→ Welche Lehren haben Sie daraus gezogen?

→ Welche Ideen haben Sie ausprobiert?

→ Welche Ideen haben Sie nicht ausprobiert?

Zusammenfassung:

Das Wissen um sich selbst ist der Schlüssel zum Erfolg. Erkennen Sie mit dem Truppner-Training, was Ihnen wirklich wichtig ist und wie Sie es umsetzen können. Sorgen Sie selbst für einen dauerhaften, positiven Druck hin zu Veränderung in Ihrem Leben. Bleiben Sie nicht stehen.

2.4 Akzeptieren Sie sich

» *Der größte Feind, der Ihnen auf dem Weg zum dauerhaften Lebenserfolg auflauert, sind Sie selbst. Um nicht von sich selbst aufgehalten zu werden, sollten Sie viel Wert auf eine gute Beziehung zu sich legen.* «

Überschätzen Sie sich nicht: Sie werden trotz aller guten Vorsätze oft in Versuchung kommen, doch den schnelleren, leichteren, bequemeren Weg zu gehen. Das ist nur allzu menschlich, denn der Mensch ist das faulste Tier, das mir bekannt ist.

Sie haben sich mit den Methoden des vorangegangenen Kapitels vielleicht schon gut kennen gelernt, haben sich zwei Jahre immer wieder beobachtet und analysiert, kennen jetzt Ihre Stärken, Schwächen – und die regelmäßigen Ausflüchte, warum Sie bestimmte neue Wege nicht gegangen sind. Das sind Sie.

Und jetzt kommt vielleicht das Schönste, was Sie sich schenken können: Nehmen Sie sich so an, wie Sie sind. Natürlich ist es wichtig, sich stetig positiv zu verändern und zu verbessern. Und Sie sollten auch am Anfang Ihres Weges versuchen, so schnell wie möglich so viel wie möglich von dem als schlecht Erkannten abzulegen.

Aber eines sollten Sie nie tun: sich verleugnen. Akzeptieren Sie sich, ändern Sie sich im Rahmen des von Ihnen als richtig Erkannten, aber bauen Sie dabei eine stabile Beziehung zu sich selbst auf.

Mit der Beziehung zu sich selbst ist es wie mit jeder anderen auch: Sie hat Höhen und Tiefen. Aber sie sollte so stabil sein, dass Sie ehrlich zu sich selbst sein können, dass Sie sich akzeptieren, wenn Sie sich schon nicht leiden können, und dass Sie die Beziehung gerne pflegen und mit Leben erfüllen.

Fragen Sie sich dabei: Optimieren oder minimieren Sie Ihr Leben? Optimieren bedeutet zu lernen, wie Sie Ihre Zeit, Ihre Möglichkeiten, Ihre Talente, Ihr Geld und andere Menschen optimal und klar einsetzen. Dabei geht es um ein gutes Zusammenspiel all dieser Faktoren. Holen Sie das Beste aus sich heraus, stecken Sie Ihre Ziele weit und streben Sie danach, sie zu erreichen, auch wenn es einmal hart ist. Leider gehen etwa 90 Prozent der Menschen einen anderen Weg. Sie gehen ziemlich planlos durch das Leben, und statt sich selbst zu optimieren, minimieren sie die Ziele ihres Lebens. Sie wollen nicht an ihren Aufgaben wachsen, sondern passen die Ziele lieber an ihre bekannten Möglichkeiten an. Sie leben nach dem Motto: „Alles wird irgendwie irgendwann gut."

Das mag funktionieren, wenn Sie einen reichen Erbonkel haben, auf dessen Geld und Geschäft Sie spekulieren. Aber haben (und wollen) Sie das?

Eine abwartende Einstellung ist ein Grund dafür, dass sich so viele Menschen, die sich entschlossen auf den Weg zum dauerhaften Lebenserfolg gemacht haben, selbst zurückholen. Sie lauern sich an jeder Ecke auf und versuchen, sich selbst für den bequemen Weg zu gewinnen.

Lassen Sie sich nicht ablenken.

Am besten geht das, wenn Sie mit sich im Reinen sind, wenn Sie Ihre eigenen Fallstricke kennen und akzeptiert haben. Denken Sie daran: Die wichtigste Beziehung in Ihrem Leben ist die zu Ihnen selbst.

Aber missverstehen Sie dies nicht als eine Aufforderung zum grenzenlosen Egoismus und nehmen Sie dies nicht als Vorwand, alle Ihre Schwächen zu entschuldigen und zu sagen: „Das bin ich, ich mag mich so, und meine Beziehung zu mir ist trotz oder wegen dieser Schwächen sehr gut."

*Wichtig für Sie und die Beziehung zu sich selbst ist die Frage: „Kennen Sie den Unterschied zwischen Ihren kurz- und langfristigen Zie-

* Siehe gesonderte Beilage »Liste der Wesentlichkeiten«

len?“ Schreiben Sie sich alle Ziele auf und ordnen Sie sie nach Wichtigkeit. Zum Beispiel in A-, B- und C-Ziele, wobei A die höchste Priorität zukommt. A-Ziele müssen also zwingend umgesetzt werden, auch wenn es manchmal schwer ist, länger als erwartet dauert oder viel Anstrengung kostet. Aus dieser losen Sammlung erstellen Sie Ihre „Liste der Wesentlichkeiten“.

Für den wichtigsten Punkt, Ihre Nummer eins, können Sie am meisten Zeit aufwenden. Sie müssen das nicht, aber wenn Sie entscheiden müssen, sollten Sie die Zeit dort einsetzen.

Wenn also auf Ihrer Liste der Wesentlichkeiten der Punkt „Zeit für mich“ an erster Stelle steht und Sie in Konflikt geraten mit einem dringenden Projekt, das abgeschlossen werden muss, dann entscheiden Sie sich für die Zeit für sich. Gehen Sie spazieren, wie ich es gerne tue, oder tun Sie irgendetwas, wofür Sie die Zeit haben wollten. Tun Sie das, wo Sie in Ihrem Element sind. Jeder hat solche Beschäftigungen, wo er in seinem Element ist. Es ist das Beste, um den Kopf frei zu bekommen und zufrieden zu werden. Und in der Regel kommen Ihnen in Ihrer Zeit auch gute Gedanken und Ideen, die Sie auch im Geschäft weiterbringen.

Dabei ist die Liste der Wesentlichkeiten kein starres Gebilde. Im Gegenteil: Sie muss immer wieder aktualisiert werden, angepasst an neue Gegebenheiten und Ihre neuen Ziele. Aber sie sollte auch nicht so angelegt sein, dass Sie, wenn Sie mehr Zeit an einer Stelle brauchen, diesen Punkt einfach für wichtiger erklären.

Egal wie Sie diese Liste führen: Wichtig ist, dass Sie sie dabeihaben. Wenn Sie unter Druck geraten, werfen Sie einen Blick darauf. Und wenn Sie feststellen, dass Sie sich an einem Problem festbeißen, das auf Platz 26 Ihrer Liste steht, dann nehmen Sie sich lieber Zeit für etwas anderes.

Dafür werden Sie aber sofort belohnt: Erreichte Ziele bereichern unser Leben. Aber vor allem verändert uns jedes Ziel, das wir erreicht haben.

Und Sie – und nur Sie alleine – bestimmen Ihren Erfolg oder Misserfolg!

Ich höre bei meinen Coachings oft, dass sich sehr gute Berater oder Verkäufer von Ihren Chefs gegängelt und missverstanden fühlen, dass sie denken, es würden ihnen zu enge Grenzen gesetzt. Hier gilt eine der wichtigsten Regeln für dauerhaften Lebenserfolg: Es gibt nur einen Chef in Ihrem Leben. Sie – und nur Sie alleine.

Was das bedeutet? Dass Sie mit einer guten Beziehung zu sich selbst, einer guten Einschätzung Ihrer Stärken und Schwächen in der Regel alle Chefs dieser Welt überzeugen können. Und wenn das nicht gelingt, was auch einmal passieren kann, dann haben Sie die nötige Ruhe und Gelassenheit, mit schwierigen Menschen umzugehen.

Denn eines ist klar: Es sind nicht immer die Besten, die in Hierarchien aufsteigen. Oft sind die Führungskräfte sogar alles andere als gut und wollen deshalb nicht, dass Sie sie überholen. Wenn Sie nicht an solchen Chefs vorbeikommen, gehen Sie einen anderen Weg. Denn wenn Sie selbstbewusst und sich Ihrer selbst sicher sind, dann können Sie immer entweder Ihr eigener Chef werden – oder sich einen anderen suchen.

Auch hier zählt der Wille. Es ist wie bei einer Diät: Die einzige Diät, die wirklich funktioniert, ist die Diät in Ihrem Kopf! Ihr Wille muss Ihnen bewusst sein. Der einzige Weg, mit dem Rauchen aufzuhören, ist der, der in Ihrem Kopf ist. Sie müssen ihn sich nur bewusst machen und dann gehen.

Zusammenfassung:

Was immer Ihre (Lebens-)Ziele sind: Ihre Ziele beginnen in Ihren Gedanken. Mit Ihren Gedanken setzen Sie Ihre Ziele in die Tat um. Sie – und Sie alleine – entscheiden in Ihren Gedanken, wann Sie Ihre Ziele tatsächlich erreichen werden. Entscheidend dabei ist die beste Beziehung zu sich selbst.

2.5 Erkennen Sie Ihre Ausreden

Viele Menschen denken Geschäftsideen nicht bewusst und konsequent zu Ende. Seien Sie sich bewusst, dass jedes Ziel immer nur ein Zwischenziel auf einem viel längeren Weg zum dauerhaften Lebenserfolg ist. Nutzen Sie meine Strategien, um nicht bei einer Idee stecken zu bleiben.

„Ich bin ausgebrannt, unzufrieden, gestresst, überlastet“, wie oft habe ich das gehört. Auch von guten Mitarbeitern oder Kollegen. Das sind die schlimmsten Ausreden, die sich auf dem Weg zum dauerhaften Lebenserfolg finden lassen. Denn Sie haben es selbst in der Hand, dies alles abzustellen, wenn Sie sich so zu fühlen scheinen.

Schreiben Sie Ihre Ausreden auf.* Schauen Sie sie genau an. Sind sie Ihnen nicht ein bisschen peinlich? Dann stellen Sie sie ab. Nutzen Sie zum Aufschreiben die Liste der Ausreden im Truppner-Training.

Ich bin der Überzeugung, dass viele Menschen gar nicht ausgebrannt, unzufrieden, gestresst oder überlastet sind. Sondern sich nur zu gerne hinter solchen Entschuldigungen verstecken. Wann haben Sie das letzte Mal gesagt: „Ich war mit meiner eigentlichen Arbeit heute schon nach einer Stunde fertig und habe danach nur noch über neue Wege und Ideen nachgedacht.“?

Ich schätze, dass die übliche Aussage nach einem Bürotag viel eher so lautet: „Ich hatte heute sehr viel zu tun, habe aber trotzdem einige sehr gute Gespräche geführt. Daraus sind viele gute Ideen entstanden, ich weiß nur nicht, wo ich die Zeit hernehmen soll, um das auch alles umzusetzen. Und selbst wenn, würde mein Chef das wahrscheinlich sowieso nicht unterstützen.“

---

* Siehe gesonderte Beilage »Das Truppner-Training«

Schade. Und gefährlich. Denn das ist genau die Schleife, in der ganz viele Menschen (Zehnprozentregel?) gefangen sind. Sie haben gute Ideen, trauen sich aber nicht, etwas daraus zu machen.

Der ehemalige Chef der Deutschen Bank, Alfred Herrhausen, hat einmal gesagt, dass ungefähr 90 Prozent der Menschen fast nichts zu Ende denken. Natürlich ist es schwierig – wie bei jedem Blick in die Zukunft – zu wissen, was eine Entscheidung morgen bedeuten wird. Gerade deshalb ist es wichtig, Ideen möglichst weit bis zu Ende zu denken.

Viele nehmen sich nicht die Zeit, einmal konsequent und ganz bewusst nicht die übliche Arbeit zu leisten, sondern etwas gänzlich Nutzloses zu tun. Tun Sie etwas anderes, und tun Sie es sofort.

Machen Sie es doch wie im Privatleben: Wenn Sie eine gute Idee suchen, gehen Sie spazieren, treffen sich mit Freunden zum Abendessen oder fahren stundenlang Fahrrad. Nutzen Sie diese Mechanismen auch für Ihr Berufsleben.

Ein guter Bekannter lässt sich zum Beispiel zweimal in der Woche jeweils eine Stunde lang im Taxi durch Hamburg fahren. Er beobachtet die Menschen, betrachtet Situationen und kommt mit mindestens zwei guten neuen Ideen ins Büro zurück. Viele mögen jetzt denken: Das ist doch nicht realistisch. Welcher Chef würde es erlauben, dass sich ein Angestellter eine Stunde lang im Taxi durch die Gegend fahren lässt? Und welcher Chef geht so unverantwortlich mit dem Geld seiner Kunden um? Das mag sein, aber eben das macht diesen Menschen so erfolgreich: Er gestattet es sich, öfter einmal etwas anderes zu tun. Und das funktioniert so gut, dass er mittlerweile ein Unternehmen mit 40 Leuten aufgebaut hat.

Deshalb: Tun auch Sie einmal etwas anderes.

Jetzt gilt es, Zeit und Energie hineinzustecken, damit Sie nicht bei einer guten Idee stehen bleiben. Und wenn aus der Idee ein Ziel wird, Sie es erreichen und sich über den Erfolg freuen, sage ich: „Kompliment, aber jetzt geht es weiter zum nächsten Ziel."

Denn vergessen Sie nicht: Der schnelle Erfolg ist schön und ein süßes Gift: Wer einmal davon gekostet hat, will vielleicht immer mehr und verliert sein langfristiges Ziel, den dauerhaften Lebenserfolg, aus den Augen. Halbvisionen, Halbkonzepte sind die Folge.

Stress, Unzufriedenheit, Belastung

Ich weiß, gerade in unserem Job muss kaum einer über zu wenig Arbeit klagen. Deshalb ist es durchaus möglich, dass die Arbeitsbelastung und der Stress zu Unzufriedenheit führen. Trotzdem gilt: Versuchen Sie, die negativen Dinge abzustellen. Denn jeder Mensch hat eine persönliche

Bilanz, in der die positiven wie die negativen Posten vermerkt werden, in der Regel übrigens vom Unterbewusstsein. Und Stress, Arbeitsbelastung und Unzufriedenheit nehmen ganz viel von der positiven Seite weg und pumpen die negative Seite auf.

Viele Studien zeigen, dass ein Mensch umso erfolgreicher ist, je weniger er sich mit den negativen Faktoren in seinem Leben beschäftigt. Das ist keine Aufforderung, Probleme zu ignorieren. Aber die Erfahrung zeigt, dass es sich auszahlt, sich nicht nur an den Problemen festzubeißen, sondern vor allem nach vorne auf neue Projekte und Ideen zu schauen.

Vergleichbar ist das mit dem Begriff der „sunk cost" in den Wirtschaftswissenschaften. Grob gesagt, das Geld ist bereits ausgegeben oder die Energie ist bereits verbraucht, es lohnt nicht, sich weiter damit zu beschäftigen, das Geld holt man nicht zurück. Und im Deutschen gibt es die Börsenregel, dass man „schlechtem Geld nicht noch gutes hinterherwerfen sollte". Und genau das gilt auch für Faktoren wie Stress, Unzufriedenheit und Überlastung: Denken Sie darüber nach, versuchen Sie es abzustellen, aber beschäftigen Sie sich nicht zu lange damit.

Und überlegen Sie sich dabei immer: Selbst in schweren Zeiten, in denen die Umsätze sinken oder stagnieren, gibt es bestimmt zwei Straßen weiter jemanden, bei dem es viel besser klappt. Er hat keinen Standortvorteil, er hat wahrscheinlich nicht mehr Fachwissen, er ist nicht besser vorbereitet als Sie, aber er gewinnt trotzdem Kunde um Kunde.

Zusammenfassung:

Es liegt nicht am Markt, am Produkt oder am Kunden, ob Sie Erfolg haben, es liegt ausschließlich an Ihnen und Ihrem Willen zum Erfolg. Erkennen Sie Ausreden, die Sie auch sich selbst gegenüber immer wieder benutzen – und vermeiden Sie sie in Zukunft.

Teil 3

Der Weg: Sich verändern

3.1 Die Macht der positiven Veränderung ist enorm

> *Ohne positive Veränderungen gibt es keine Weiterentwicklung. Die einzige Möglichkeit, die wir haben, um unsere Ziele zu erreichen, ist die ständige, positive und überzeugende Veränderung. Zögern Sie daher nicht, etwas anderes und Besseres zu tun.*

Jeder Tag oder sogar jede Sekunde ist für uns eine echte neue Chance, mit einer positiven Lebensveränderung zu starten und dies dann konsequent zu Ende zu bringen. Viele Trainer sagen, dass es reicht, positiv zu denken. Der Erfolg stelle sich dann schon von selbst ein. Das mag für einige wenige Menschen zutreffen, die lediglich eine Selbstblockade aufheben müssen. Das mag auch funktionieren, wenn es um Ziele geht, die vor allem vom Bewusstsein bestimmt werden.

Da fällt mir ein Zitat von André Kostolany ein: „Ob es besser wird, wenn es anders wird, weiß ich nicht. Dass es aber anders werden muss, wenn es besser werden soll, weiß ich."

Also: Positiv zu denken ist extrem wichtig, damit Sie sich nicht selbst Chancen verbauen. Denn wenn Sie nicht daran glauben, dass Sie bestimmte Ziele erreichen können, werden Sie den Weg dorthin auch gar nicht wirklich in Angriff nehmen. Wie viele Kollegen habe ich sagen hören: „Das ist doch ein völlig aussichtsloses Unterfangen." Und dann haben sie Gründe angeführt, warum das Ziel nicht erreicht werden kann. Einige haben es nach meinem Coaching einmal andersherum versucht und sich Gedanken gemacht, warum Sie gar nicht scheitern können auf dem Weg zu eben diesem Ziel. Und siehe da, die meisten haben ihr Ziel erreicht.

Dazu gehört aber vor allem, dass diese Menschen nicht nur positiv gedacht haben, sondern auch ihr positives Veränderungsmanagement gestartet haben. Der Mensch, als den sie sich kannten, hätte das Ziel vielleicht wirklich nicht erreicht. Der Mensch, der offen für Veränderungen ist und sie sogar ganz gezielt anstrebt, der erreichte die Ziele dagegen – auch wenn damit zum Teil wirklich harte Arbeit verbunden war.

Sie sollten nicht nur positiv denken, sondern Sie sollten auch an positive Veränderungen denken und sie umsetzen.

Dieses Vorgehen ist, das werden Sie sehr schnell merken, nicht nur Arbeit. Es ist auch ein Stück Lebensqualität. Es heißt Wandel oder Veränderungsmanagement. Denken Sie an einen guten Film: Ein solcher Film macht die Menschen nachdenklich. Ihr Leben ist Ihr Film. Sie führen hier Regie, sie bestimmen Höhepunkte und Dramaturgie. Sie sind der Regisseur Ihres eigenen Lebens.

Allerdings mit einem wichtigen Unterschied: In einem Film lassen sich Szenen nachbearbeiten, neu schneiden – sogar die Dialoge des Films lassen sich verändern. So könnten Sie im Film auch die Vergangenheit „umschreiben". Das geht in Ihrem Leben nicht.

Sie können Geschehenes, Getanes und Gesagtes nicht mehr ändern, aber Sie können und sollten aus der Vergangenheit lernen. Wenn die gleiche Situation wieder auftaucht, sollten Sie sich anders und vielleicht intelligenter verhalten sowie eine glücklichere und erfolgreichere Gegenwart genießen.

Der dümmste Fehler ist der, den man immer wieder begeht.

Dabei habe ich nichts gegen Fehler. Auch in meinen Teams habe ich stets gesagt, dass Fehler möglich sind, ich selbst mache viele Fehler. Aber ich nehme für mich in Anspruch, nur ganz selten einen Fehler zu wiederholen. Und das erwarte ich auch von meinen Kollegen und Mitarbeitern, und das sollten Sie auch von sich verlangen.

Stattdessen sollten Sie sich die Zeit nehmen, etwas ganz anderes zum Nutzen Ihrer Kunden und Ihres Geschäfts zu tun. Das kann etwas Großes sein wie eine Einladung für 250 Gäste (Kunden und potenzielle Kunden) oder etwas ganz Kleines wie eine schöne Karte, die Sie Ihren Kunden das nächste Mal mit auf den Weg nach Hause geben.

Die Macht der positiven Veränderungen ist enorm. Sie werden sehr rasch erste Erfolge sehen, auch wenn es bis zum dauerhaften Erfolg ein weiter Weg ist.

Deshalb müssen Sie sich immer wieder fragen: Welche Motivation benötigen Sie, damit Sie wirklich positive Veränderungen auf Dauer in Ihrem Leben durchführen? Würden Sie mit den positiven Veränderungen anfangen und diese auch in die Tat umsetzen, wenn Sie zum Beispiel nach drei Monaten 10.000 Euro erhalten? Oder nach den ersten nachweisbaren positiven Veränderungen eine Weltreise?

Schöne Ansätze, die bestimmt einige bewegen würden, ihr Veränderungsmanagement zu starten. Aber ein wirklicher Anreiz sollte es immer sein, dass Sie mit den Veränderungen in sich und Ihr persönliches Heute und Morgen erfolgreich und konsequent investieren. Auf lange Sicht bringt Sie das sehr viel weiter als Belohnungen wie Geld oder Urlaub.

Wie starten Sie mit dem Veränderungsmanagement? Wie viele positive Veränderungen sollen oder können Sie auf einmal richtig und konsequent umsetzen? Und: Was ist das beste erprobte Vorgehen?

Ganz einfach: Sie starten hier und jetzt.* Mit kleineren oder größeren Zielen, die Sie hier und jetzt festlegen. Sie können diese Ziele aus Ihrer Liste der Wesentlichkeiten ableiten. Es können aber auch kleine, geschäftliche Dinge sein. Schreiben Sie sich diese Ziele auf. Nutzen Sie dafür die Liste der Ziele im Truppner-Training. Stellen Sie sich die Frage: Was will ich sichern, ausbauen oder erhalten? Wann beginne ich damit? Und: Wann will ich dieses Ziel erreicht haben? In der Regel genügen zwei bis drei positive Lebensveränderungen auf einmal.

Nutzen Sie dafür Ihr Erfolgsbuch. Das legen Sie entweder als Kladde oder im Computer an. Wichtig ist, alles schriftlich festzuhalten, was Sie erreichen wollen und was Sie bereits erreicht haben.

Schreiben Sie Ihre Lebensziele, Startdatum, Verlaufsdaten und Datum der Zielerreichung auf. Überprüfen Sie täglich Ihre Fortschritte sehr bewusst und konsequent, bis Sie Ihr Ziel erreicht haben.

Gehen Sie dabei systematisch vor, arbeiten Sie in dem Erfolgsbuch an neuen Ideen.

Machen Sie sich klar, dass es zu jedem Problem mindestens eine, wahrscheinlich aber mehrere Möglichkeiten gibt, die Sie noch nicht sehen. Stellen Sie dann fest, wo Sie heute stehen, definieren Sie also Ihren Ausgangspunkt. Lassen Sie Ihren Gedanken freien Lauf, schreiben Sie sie auf und finden Sie Ihren eigenen Weg, Ihre eigene Wahrheit. Ihr Plan muss es sein, eine bessere Entscheidung zu finden. Wenn Sie ihn gefunden haben, wenden Sie ihn an. Lassen Sie sich nicht abbringen, lassen Sie ihn sich nicht zerreden, seien Sie konsequent und setzen Sie ihn in die Tat um.

Nutzen Sie zum Beispiel zweimal pro Jahr jeweils zwei Tage und denken Sie über sich nach. Verbessern oder verändern Sie 20 Prozent Ihrer Angewohnheiten und Denkweisen.

---

* Siehe gesonderte Beilage »Das Truppner-Training«

ERFOLGSBUCH

Ziel: ....

....

Startdatum: ....

Station 1: ....

Station 2: ....

Station 3: ....

....

....

....

3-Monats-Status: ....

Ziel erreicht am: ....

Beispiel eines Erfolgsbuchs, das ein Finanzberater mir zur Verfügung gestellt hat

Ziel:	50 Neukunden noch in diesem Jahr
Start:	16. September 2004
22.09.04:	250 gute Bestandskunden angeschrieben und nach Empfehlungen gefragt
24.09.04:	Anzeige erscheint heute und morgen
30.09.04:	Anzeigenrücklauf: 12 Gespräche fest vereinbart
11.10.04:	Rücklauf von Bestandskunden: 23 Empfehlungen, 10 feste Termine
15.10.04:	15 neue Kunden gewonnen
18.10.04:	Nachfassbrief bei Bestandskunden
28.10.04:	Rücklauf von Bestandskunden: weitere 16 Empfehlungen
29.10.04:	Anzeige erscheint heute und morgen
29.10.04:	Mittlerweile 64 Empfehlungen, 33 Termine fest
01.11.04:	Weitere 17 Kunden mit Abschlüssen, gesamt: 32 Neukunden

Dabei muss nicht immer alles sofort geschehen. Sie müssen auch nicht immer alle guten Gedanken sehr schnell und sofort haben. Auch das ist wieder wie im Film: Erinnern Sie sich an den zweiten Blick: Denken Sie daran, wie viele Details Sie erst gesehen haben, als Sie einen sehr schönen Film zum zweiten Mal gesehen haben, oder auf welche Dinge Sie erst achten konnten, als Sie ein tolles Buch zum zweiten Mal gelesen oder ein Gemälde zum zweiten Mal betrachtet haben.

> ***Vergessen Sie nicht, das Schneckentempo ist das allerbeste Tempo, um zu lernen und zu wachsen. Deshalb: Starten Sie Ihr Veränderungsmanagement heute und halten Sie lange durch. Denn mit jeder Veränderung verändern auch Sie sich und werden sicherer. Sie lernen mit dem steten Wandel umzugehen und sich selbst immer wieder neu zu empfinden. Sie verlassen den Pfad, der viele Menschen in den Stillstand führt, den Pfad der Gewohnheit und Bequemlichkeit.***

Zusammenfassung:

Positive Veränderungen lassen sich durch gezieltes Management erreichen. Tun Sie immer wieder einmal etwas anderes. Fangen Sie mit zwei oder drei positiven Lebensveränderungen an. Definieren Sie Ihre Ziele anhand der Liste der Ziele im Truppner-Training und nutzen Sie zur Selbstkontrolle ein Erfolgsbuch.

3.2 Das beste Tempo ist das Schneckentempo

» *Um positive Veränderungen zu erreichen, ist es wichtig, sofort und schnell damit anzufangen. Aber Sie müssen nicht schnell vorangehen. Lassen Sie sich Zeit, solange Sie dauerhaft und kontinuierlich an sich arbeiten. Das beste Tempo zum Lernen ist fast immer das Schneckentempo.* «

Langsamkeit ist eine starke Macht. Wer schnell nach vorne stürmt, kann vielleicht schnelle Erfolge erzielen. Nicht immer sind diese Erfolge aber auch von Dauer. Wer dagegen langsam geht und sein Geschäft solide und in kleinen Schritten aufbaut, kann auf Dauer mehr erreichen.

Ein Finanzberater in Schweinfurt, mit dem ich als Fidelity-Vertriebsdirektor sehr lange zusammengearbeitet habe, ist ein gutes Beispiel: Er hat sein Geschäft vor allem auf Sparplänen aufgebaut. Sparpläne! Da winken viele Berater doch gleich ab und schlagen die Hände über dem Kopf zusammen. Kleinkram, Peanuts, uninteressant. Denn wo bei einer großen Einmalanlage auch die Provision gleich am Anfang richtig interessant ist, erhält der Berater für einen Sparplan von 50 oder 100 Euro im Monat ja so gut wie nichts.

Bei 3.000 Sparplänen sieht das schon anders aus. Und so viele oder noch mehr hat der Berater mittlerweile für seine Kunden abgeschlossen. Über 20 Jahre hat er daran gearbeitet und ist inzwischen wahrscheinlich der Berater mit der größten Zahl an Sparplänen in Deutschland. Und bedenken Sie: Schweinfurt ist nicht Hamburg, Düsseldorf, München oder Frankfurt am Main. Und trotzdem hat er einen solchen Erfolg.

Ausdauer, Intelligenz und Geduld haben ihn zu einem sehr erfolgreichen Mann gemacht. Und sein Erfolg ist von Dauer.

- → Die meisten Menschen überschätzen, was sie in einem Jahr erreichen können.
- → Und sie unterschätzen, was sie in zehn Jahren erreichen können.

Vieles im Leben entwickelt sich ganz langsam. Wir selbst entwickeln uns langsam. Auch wenn wir heute damit anfangen, schlechte Angewohnheiten nach und nach abzulegen oder uns neue Ziele zu setzen, werden wir mindestens zwei Jahre brauchen. Erst dann werden wir all das geschafft haben, was wir uns heute vornehmen. Und ständig kommen neue Vorhaben dazu, wir setzen uns ständig neue Ziele und arbeiten die alten ab. Ein steter Prozess, der Zeit erfordert – und der nie endet.

Und er ist gepflastert mit Entscheidungen. Dabei gilt der bekannte Satz: Es scheint keine Rolle zu spielen, ob wir heute Obst oder einen Schokoriegel essen, ob wir ein gutes Buch lesen oder am Computer spielen, ob wir 100 Euro monatlich sparen oder sie ausgeben. Aber nach zehn Jahren ist ein großer Unterschied sichtbar. Obst, gute Bücher und Sparsamkeit führen zu Gesundheit, Wissen und Wohlstand.

> ***Niemand erwartet, dass wir immer kluge Entscheidungen treffen. Aber das Leben ist die Summe aller unserer Entscheidungen. Treffen Sie sie deshalb bewusst und konsequent.***

Allerdings sind die meisten Menschen viel zu schnell. Das Schneckentempo ist für viele unerreichbar. Sie glauben, dass sie nicht gut sind, wenn sie nicht alles in Minuten erledigt haben. Das stimmt nicht. Oder zumindest nur halb. Natürlich können Sie Routineaufgaben in sehr kurzer Zeit erledigen. Und Sie sollten das auch tun. Aber oft ist eine „Entschleunigung" besser als eine weitere Beschleunigung.

Wenn Sie unter Druck stehen oder einen Tag haben, an dem Dinge nicht so laufen, wie sie sollten, dann wird ein schnelleres Vorwärtspreschen nur Fehler nach sich ziehen. Sie sind programmiert und werden sich unweigerlich einstellen. Wahrscheinlich springen Sie dann von einem Thema zum nächsten und verlieren sogar Ihr Ziel aus den Augen.

Wenn Sie unter Druck stehen, sollten Sie langsamer gehen.
Zeit ist eine Frage Ihrer Prioritäten.

Viele Menschen, auch erfolgreiche, geben immer die gleiche Antwort auf die Frage, wovon sie sich mehr wünschen: „Zeit für mich". Aber Zeit für sich ist keine Frage des Habens, sondern des Nehmens. Sie sind verantwortlich dafür, wie viel Zeit Sie sich gönnen.

Der beste Weg, sich Zeit zu nehmen, ist, sie in kleine Stücke zu schneiden. Wofür Sie sich Zeit nehmen sollten, haben Sie in der Liste der Wesentlichkeiten notiert.

Die Liste der Wesentlichkeiten ist eine Gebrauchsanweisung für Sie selbst.

Zusammenfassung:

Das Truppner-Training bietet Ihnen die Möglichkeit, die wirklich wichtigen Dinge zu erkennen. Die Liste der Wesentlichkeiten hilft Ihnen, Ihre Prioritäten festzulegen. Gehen Sie trotzdem langsam, denn Hast führt zurück zu kurzfristigem Denken.

3.3 Sie sind das Fundament

> *Sie – und nur Sie alleine – sind die Grundlage Ihres Erfolgs. Die genaue Kenntnis von sich selbst ist dabei das Fundament. Um nochmals das Bild vom Haus aufzugreifen: Die Wände, die Decken, die stilvolle Einrichtung sind nichts, wenn das Fundament nicht stimmt.*

Die Welt wird zunehmend komplexer, die Entwicklung der Märkte immer unvorhersehbarer, der Wettbewerb härter. Wie oft haben Sie solche Sätze schon gehört? Ich habe sie oft gehört und mit der Zeit gelernt, dass es sich fast immer um Ausreden handelt. Kein Zweifel, einiges daran stimmt. Viele Geschäfte verlassen den nationalen Rahmen und werden international, Sie müssen sich mit Konkurrenz aus ganz anderen Gegenden der Erde und komplett anderen Kulturkreisen messen. Viele Geschäfte werden auch komplexer, umfangreicher, die Kunden sind nicht mehr mit einigen Standardprodukten zufrieden, sondern wollen die gesamte Palette angeboten bekommen. Aber ist das ein Problem?

Eine Herausforderung ist das nur, wenn die Konkurrenz intelligenter, einfallsreicher oder kreativer ist als Sie. Wenn Sie Boden verlieren statt voranzugehen. Also ist es egal, ob die Konkurrenz drei Straßen oder drei Kontinente entfernt sitzt.

Sie entscheiden, ob die Konkurrenz für Sie zunimmt, Sie unter Druck setzt und Ihnen Kunden abnimmt oder ob Sie die Konkurrenz abhängen.

Übernehmen Sie Verantwortung für sich. Wer sich Ausreden zurechtlegt, wie sie am Stammtisch fallen („Die Konjunktur ist derzeit so schlecht, da läuft doch gar nichts mehr"), hat seine eigene Bedeutung für sich noch nicht erkannt. Notieren Sie in der Liste der Ausreden Ihre immer wiederkehrenden Ausreden. Seien Sie ehrlich dabei.

Dazu ein Beispiel: „Die Großen rollen mit aggressiver Werbung derzeit den Markt auf und lassen den Kleinen kaum Luft zum Atmen“, sagte mir der Geschäftsführer eines Fachgeschäfts in der Elektrobranche. „Ich weiß nicht, wie ich am Jahresende dastehen werde.“

„Die Großen sind das Beste, was der Branche passieren konnte“, sagte mir ein anderer, dessen Geschäft ich nach dem Gespräch mit dem ersten besuchte. Er hatte gerade seine angestammten Geschäftsräume aufgegeben und einen neuen Laden eröffnet – direkt gegenüber einer der Branchengrößen mit der aggressiven Werbung. Seine Verkäufer sind alle jung, sprechen die Sprache der Kundschaft, wissen aus eigener Erfahrung über jedes Detail der von ihnen verkauften Geräte Bescheid. Haben Sie das bei einem der Großmärkte schon einmal gefunden? Kaum. Zudem wird jeder Kunde sofort beim Betreten des Ladens von einem Verkäufer angesprochen. Freundlichkeit, kompetente Beratung und Service, mit diesem Rezept behauptet er sich gegen die Großen.

Was heißt das? Sie sollten keine Ausreden suchen, sondern handeln. Die Ausreden mögen alle richtig sein, aber es gibt immer einen Weg, der anders ist und zum Erfolg führt. Denken Sie an die Liste der Ausreden, die Sie bereits führen.

Jetzt ist also der allerbeste Moment, um zu handeln. Ihre Entscheidungen von heute bestimmen etwa 90 Prozent aller Antworten von morgen. Sie legen heute das Fundament für Ihren Erfolg von morgen. Was wir heute tun, sagen, denken und planen, ist die Grundlage für die kommenden zwei bis drei Jahre. Um die Zukunft zu beherrschen, müssen Sie heute vorarbeiten.

Sie wollen die Zukunft gestalten und beherrschen, statt sich beherrschen und führen zu lassen?

Dann gelten für Sie vier Muss-Sätze:

→ Sie müssen Ihr Denken immer intelligenter gestalten, kontinuierlich verbessern und erweitern.

→ Sie müssen vergangenheits-, gegenwarts- und zukunftsorientiert sein und bleiben.

→ Sie müssen für Veränderungen und Neuerungen aufgeschlossen bleiben.

→ Sie müssen selbst aktiv neue Möglichkeiten entdecken und in die Tat umsetzen.

Nach neuen Studien werden etwa 90 Prozent der Menschen mit der gleichen Denk- und Umsetzungsfähigkeit geboren. Wenn Sie die Liga Einstein & Co. unberücksichtigt lassen, dann haben Sie die 90 Prozent an Menschen vor sich, die weltweit zu Ihren Konkurrenten zählen. Alle könnten nach ihrer Geburt das Gleiche erreichen. Aber nur wenige schaffen wirklichen dauerhaften Lebenserfolg.

Warum? Viele werden von ihrer Umwelt oder den herrschenden politischen oder gesellschaftlichen Bedingungen daran gehindert, ihr Potenzial zu nutzen. Das gilt aber nicht für uns. Wir leben wie die US-Amerikaner, Franzosen, Briten und andere in einer Gesellschaft, in der eigentlich nur die Bequemlichkeit des Einzelnen dafür sorgt, dass er sein Potenzial nicht nutzt.

Sie müssen den Erfolg und vor allem den dauerhaften Erfolg wollen.

Die Grundsätze des Wollens:

- ***Ein Wunsch gewinnt an Kraft, wenn Sie ihm eine konkrete Form geben.***
- ***Denken und arbeiten Sie täglich an Ihren Zielen.***
- ***Wenn Sie ein Ziel haben, sollten Sie Ihren Fortschritt regelmäßig messen. Den Zeitrahmen und das Tempo bestimmen Sie selbst.***

Ziele verwandeln das Wollen in Tun.
Nur wer sich versteht, kann seine Wirkung einschätzen.

Warum reagieren Menschen manchmal so unerwartet auf Sie – ganz anders, als Sie es sich vorgestellt haben? Die Antwort ist: Die Menschen reagieren ganz so, wie es zu erwarten war, aber Sie kennen sich selbst nicht so gut und haben deshalb falsche Erwartungen. Ihr Bild von sich selbst muss so objektiv wie möglich sein, dann können Sie sich auch besser in andere hineinversetzen.

Immer wieder liest es sich schön, wenn jemand schreibt, dass Sie und nur Sie selbst das Bild bestimmen, das andere von Ihnen haben. Das ist auch richtig, aber ein Gemeinplatz. Damit wird gesagt, dass Sie ein Bild von sich auf andere projizieren können, wenn Sie es nur genug wollen. Das halte ich für falsch. Natürlich bestimmen Sie, wie andere Sie sehen. Die Kunst ist es, sich seiner Wirkung bewusst zu sein und so die Gefühle anderer bereits vorwegnehmen zu können.

Sie können nur das glaubhaft vertreten, was wirklich in Ihnen steckt. Ohne sich selbst gut zu kennen, können Sie kein klares Bild von sich übermitteln.

Selbsterkenntnis ist der erste Schritt zur Besserung. Das hat Ihnen wahrscheinlich Ihre Mutter immer wieder gesagt. Halb ironisch zwar und mit einem Augenzwinkern, aber völlig zutreffend. In meiner Heimat USA gibt es ähnliche Sprüche, und auch ich habe sie immer zu hören bekommen.

Ich behaupte: Selbstkenntnis ist nicht nur der erste, sondern auch der wichtigste Schritt zu dauerhaftem Erfolg. Eine Selbstkenntnis, aus der heraus neben vielen anderen Dingen auch eine sehr gute Einschätzung möglich ist, wie andere Sie sehen.

Denn was wollen Sie wirklich erreichen? Sind Sie sicher? Schauen Sie sich Ihre Ziele genau an. Nicht die auf Sie selbst und Ihre Verbesserungen bezogenen Ziele, die sind Teil des Selbsterkenntnis- und -verbesserungsprozesses. Ist bei den konkreten Zielen in Ihrem Privat- oder Geschäftsleben auch nur eines dabei, das Sie ohne andere Menschen erreichen können? Ich vermute nicht.

Nur mit anderen Menschen zusammen werden wir erfolgreich. Nur wer sich selbst sehr gut kennt, kann seine Beziehungen zu anderen Menschen erfolgreich gestalten und damit eine Gewinn-Gewinn-Situation herbeiführen, in der alle Beteiligten zu den Siegern gehören.

Deshalb ist es so wichtig zu wissen, wie Sie auf andere wirken. Denn nur wenn Sie das wissen, können Sie Ihre Wirkung gezielt einsetzen – oder sie so positiv verändern, dass Sie sie einsetzen können.

Es gibt ein schönes Zitat des französischen Philosophen Charles-Louis de Montesquieu: „Man will nicht nur glücklich sein, sondern glücklicher als die anderen. Das ist deshalb so schwer, weil wir die anderen für glücklicher halten, als sie sind.“

Wenn das Zitat zutrifft – und wenn ich es so lese, glaube ich schon, dass sich jeder ein bisschen angesprochen fühlt –, schafft es also ein Großteil der Menschen, anderen ein falsches Bild von sich zu vermitteln. Das wäre zumindest eine mögliche Deutung, und darin kommt, glaube ich, zum Ausdruck, dass die schauspielerische Begabung der Menschen bei weitem überschätzt wird. Die viel wahrscheinlichere Deutung ist doch:

Sehr viele Menschen schaffen es nicht, ihr eigenes Leben objektiv zu sehen. Sie kennen sich selbst nicht gut genug. Und sind deshalb unglücklicher, als sie es sein müssten.

Vergleichen Sie sich mit sich selbst. Wie waren Sie früher, wie sind Sie heute? Wer sich mit Pamela Anderson, Michael Jordan, Michael Ballack, mit Wirtschaftsgrößen oder Schauspielern vergleicht, macht ohnehin einen Fehler. Vielen Menschen geht hier der Bezug zur Realität verloren. Wo Kinder noch träumen und sich Idole suchen, können Sie zwar als Erwachsene auch noch träumen. Aber Sie sollten wissen, dass Sie sich vor allem mit sich selbst vergleichen müssen. Vergleichen Sie sich mit dem Menschen, der Sie zum Beispiel vor ein bis zwei Jahren waren, und lassen Sie dabei Ihre Persönlichkeitsentwicklung Revue passieren. Wenn Sie dabei feststellen, dass Sie sich ständig weiterentwickelt haben, dann können Sie stolz auf sich sein: Sie haben schon sehr, sehr viel erreicht.

Von Kindheit an hören wir: „Du musst gut sein." Das sagen uns Eltern und Großeltern, Lehrer und Professoren. Aber was sie uns nicht sagen, ist das Wichtigste – und das müssen wir für uns Schritt für Schritt herausfinden: In welchen Bereichen müssen wir gut sein? Was ist wirklich wichtig?

Die Liste der Wesentlichkeiten und die Liste der Ziele habe ich Ihnen schon ans Herz gelegt, damit können Sie herausfinden, was für Sie wirklich wichtig ist. Und daraus können Sie auch andersherum ablesen: Was habe ich nicht gelernt, oder was habe ich nicht umgesetzt? Worauf habe ich mich nicht konzentriert?

Wenn Sie das wissen, können Sie sehr viel besser auf andere zugehen und sich in andere hineindenken. Es ist wirklich so: Jeder verkauft sich selbst und nicht die Ware. 95 Prozent des Erfolges macht der Mensch aus und nur fünf Prozent das Wissen (oder die Produkte). Das sagte Albert Einstein.

Zusammenfassung:

Machen Sie aus der Beschäftigung mit sich selbst und Ihren Zielen eine permanente Aufgabe. Lernen Sie sich selbst kennen und setzen Sie Ihre Pläne und Ideen in die Tat um. Dann schaffen Sie sich das Fundament für dauerhaften Lebenserfolg. Wie gut Sie sich selbst kennen und verstehen, entspricht der Qualität Ihrer Kundenbeziehungen – und das entspricht der Qualität Ihres Lebens und Ihres Erfolges. Selbstkenntnis ist der wichtigste Schritt auf dem Weg zum dauerhaften Erfolg.

3.4 Ideen sind der Schlüssel zum Erfolg

» *Neue, gute Ideen sind der Schlüssel zum dauerhaften Erfolg. Wer noch nie nach einer gesucht hat, kann mithilfe folgender Tipps ein Ideenprofi werden.* «

Eines vorab: Es gibt enorme Sicherheit, wenn Sie jeden Tag eine neue Idee finden. Beschließen Sie, jeden Tag eine Idee aufzuschreiben, und Sie werden sehen, dass Ihnen das in 99 Prozent der Fälle problemlos gelingt. Es ist ein gutes Gefühl, immer über eine gut gefüllte Ideenkiste zu verfügen. Und es ist entscheidend für Ihren dauerhaften Geschäftserfolg.

Es ist absolut notwendig, Ihren Kunden und Ihren Konkurrenten stets eine sehr gute Idee im Voraus zu sein – und zu bleiben. Deshalb frage ich so oft: Ist Ihre Ideenkiste gut gefüllt? Wenn ja: Herzlichen Glückwunsch! Wenn nein: Es ist gar nicht so schwer, sie zu füllen. Die Ideensuche ist ein Prozess, der lernbar ist. Dann haben Sie immer neue und kreative Ideen vorrätig und sind bestens auf Ihre nächsten Kundengespräche vorbereitet.

Wichtig ist: Schreiben Sie alle Punkte auf, die Ihnen in den Sinn kommen.* Sonst vergessen Sie die ungewöhnlichsten Ideen schnell wieder – und das hinterlässt das unangenehme Gefühl, einen großartigen Gedanken gedacht, aber nicht festgehalten zu haben. Denn Ideen brauchen Sie: um potenzielle Kunden zu begeistern, zu motivieren, stark zu beeindrucken und intelligent zu überzeugen. Und natürlich, um sie auf das zweite Gespräch neugierig zu machen.

Wie können und werden Sie gute Ideen finden und entwickeln?

---

* Siehe gesonderte Beilage »Das Truppner-Training«

Vieles finden Sie durch aktives Beobachten und Denken. Auch die Lektüre unterschiedlichster Texte hilft: Romane, Sachbücher, Zeitungen und Zeitschriften, die Mails Ihrer Kunden und was Sie sonst noch finden. Zum Beispiel Materialien von Unternehmen aus ganz anderen Branchen – alles kann Sie auf gute Ideen bringen.

Ganz wichtig sind Anregungen aus dem täglichen Leben und die persönlichen Erfahrungen. Diese finden Sie nur, wenn Sie sich zumindest gelegentlich ins tägliche Leben stürzen. Gehen Sie raus. Laufen Sie durch Ihre Stadt, gehen Sie einkaufen, setzen Sie sich in ein Café, hören Sie den Menschen zu.

Die Menschen auf der Straße sind die beste Quelle der Inspiration – denn Ihnen wollen Sie gefallen.

Gezielt lassen sich Ideen aber auch durch Analyse der Wettbewerber sammeln.* Studieren Sie die Webseiten und Unterlagen Ihrer Konkurrenten. Scheuen Sie sich nicht, gute Dinge zu kopieren und zu verbessern. Und immer wieder: Schreiben Sie sich Ihre Ideen in Stichworten auf. Bei mir persönlich ist es so, dass ich nach einer Arbeitswoche meist zehn bis 15 Ideen auf einem Zettel notiert habe, die ich dann noch einmal lese. Ein paar behalte ich, der Rest wird gestrichen.

Schreiben Sie die guten Ideen in die Listen des Truppner-Trainings. Manche werden Ziele, manche vielleicht Wesentlichkeiten, manche Pluspunkte.

Wie gesagt: Der beste Trainer ist Ihr Kunde. Halten Sie die Augen offen und registrieren Sie genau, was Ihren Kunden gefällt, womit Sie ihnen eine Freude machen. Und verfeinern Sie dieses Vorgehen immer weiter.

Diese Eindrücke sollen nicht nur im Kopf bleiben, sondern sie sollen sehr positiv im Kopf bleiben.

* Siehe gesonderte Beilage »Das Truppner-Training«

Ihr Aktionsplan ist also:

→ Suchen und finden Sie bewusst und konsequent kreative Ideen.

→ Denken Sie darüber nach.

→ Treffen Sie intelligente Entscheidungen.

→ Setzen Sie Ihre Entscheidungen bewusst und konsequent in die Tat um.

Manchmal sind es die einfachsten Dinge, die Sie aus dem Bauch heraus tun, die zum Erfolg führen. Bei mir war es einmal eine blitzartige Eingebung: Als Kind war Walt Frazier, einer der besten Basketballer der Welt, mein Idol. Er spielte für die New York Knicks, und eines Tages nahm mein Vater mich und ein paar andere Jungs mit ins Stadion im Madison Square Garden. Ich wollte unbedingt ein Autogramm. Aber wie eines bekommen? Wir versuchten es mit allen möglichen Tricks, keiner hatte Erfolg. Als die Teams schon fast wieder gingen, ließ ich alle Jungs, mit denen ich da war, lauthals „Walt! Walt! Walt!" skandieren. Immer lauter und lauter schrien wir. Und ob Sie's glauben oder nicht: Walt Frazier kam zu uns, fragte brüsk, was das Geschrei solle, und sagte, wir sollten damit aufhören. Und raten Sie einmal, was ich dafür bekam? Ein Autogramm. „Damit ihr endlich aufhört." Schnelle Idee, nicht nachgedacht, einfach gemacht und erfolgreich.

Deshalb: Hören Sie auf Ihr Unterbewusstsein, denn da stecken viele Gedanken drin. Wenn eine Idee kommt, machen Sie die Türen und Fenster weit auf. Begrüßen Sie sie herzlich. Und halten Sie sie fest.

Zusammenfassung:

Neue Ideen sind entscheidend für Ihren dauerhaften Erfolg. Seien Sie offen für Neues, denn was Ihnen auf den ersten Blick vielleicht noch merkwürdig erscheint, kann auf den zweiten Blick einen ganz besonderen Charme entfalten. Auch hier gilt: Die beste Idee ist nichts wert, wenn Sie sie nicht bewusst und konsequent umsetzen.

3.5 Sich zu verändern heißt entscheiden

» *Ideen zu haben ist wichtig. Die eigene Ideenkiste immer gut gefüllt zu haben verschafft einen großen Wettbewerbsvorsprung. Die besten Ideen müssen aber auch umgesetzt werden, sonst bleiben sie Gedanken. Deshalb: Treffen Sie richtige und wesentliche Entscheidungen, denn wer sich nicht entscheidet, blockiert sein Wachstum.* «

Einer meiner ersten Chefs, als ich bei der Deutschen Bank in New York an der Wall Street anfing, war John. John wurde nur „the head", der Kopf, genannt. Er war brillant. Er war einer der gescheitesten Menschen, die ich jemals kennen gelernt habe. Selten habe ich jemanden gesehen, der so schnell war wie er und der dabei so viel Substanz hatte. Sein Spitzname hätte also auch „the brain", das Hirn, sein können. Aber das hätte es nicht getroffen, und das haben die Leute gespürt: Denn John war eben nicht nur ein Hirn, er war der Kopf. Er konnte die Ideen, die er hatte, auch umsetzen. Er hatte die Kraft, die Ausdauer und die Verbindungen, die Dinge nach seinen Vorstellungen zu gestalten. Und das ist bei großen Unternehmen ja nun wirklich nicht immer leicht.

Seine Stärke war: So schnell wie er dachte, analysierte und daraus seine Schlüsse zog, so schnell entschied er auch. Wenn jemand mit einer Frage zu ihm kam, konnte er auch in der Regel nach nur wenigen Minuten mit einer Antwort rechnen. John wusste:

Jede Entscheidung ist eine Trennung, weil ein anderer Weg dann versperrt ist. Aber nur wer entscheidet und sich von Möglichkeiten zugunsten von Lösungen trennt, entwickelt sich.

Entscheidungen haben eine ungeheure Macht. Stellen Sie sich vor, dass Sie sich selbst besuchen. Sie kommen in Ihr Haus, haben Zugang zu allen Informationen vom Zeugnis bis zum Kontoauszug. Sie sehen Ihr

Haus, Ihr Auto, Ihr Geschäft. Haben Sie wirklich etwas aus den vergangenen Jahren gemacht?

Sie sehen sich so, wie Sie selbst sich geschaffen haben. Die Entscheidungen, die Sie heute treffen, und die Dinge, die Sie heute tun oder nicht tun, haben Sie geformt. Und Ihre Zukunft können Sie von heute an formen.

Deshalb ist es so wichtig, dass Sie sich fragen, was Sie sehen wollen, wenn Sie sich in fünf, zehn oder 15 Jahren wieder besuchen.

- → Wo und wie werden Sie wohnen?
- → Welchen Wagen werden Sie fahren? Einen neuen oder einen gebrauchten?
- → Haben Sie sich positiv oder negativ verändert?
- → Haben Sie Ihr Leben bewusst und konsequent geführt?
- → Waren Sie erfolgreich, und können Sie den Erfolg dauerhaft behaupten?
- → Haben Sie die richtigen Entscheidungen bewusst und konsequent getroffen und genauso bewusst und konsequent danach gehandelt?

Ihre Entscheidungen heute bestimmen die Antworten auf diese Fragen.

Der alte Spruch stimmt ja: Es ist extrem wichtig, dass wir an die Zukunft denken, weil wir den Rest unseres Lebens darin verbringen.

Denn was ist die Realität? Nur wenige Menschen leben in der Gegenwart. Die meisten bereiten sich darauf vor, demnächst zu leben. Sie machen viele Pläne, sie haben gute Ideen, sie wissen, was sie wollen – aber sie setzen es nie in die Tat um. Immer gibt es etwas, was vorher noch getan werden muss, immer stehen noch andere Dinge an, die erledigt werden müssen. Und immer wird es wieder solche Dinge geben. Wenn Sie nicht einmal anfangen mit grundlegenden Veränderungen, wenn Sie sich nicht entscheiden, dann werden Sie nie ans Ziel gelangen.

Wissen Sie, wie viel Prozent der Leute ihre eigene Gegenwart beherrschen? Hier gilt wieder die 90:10-Regel: Nur etwa zehn Prozent der Menschen sind Herr ihrer Lage. Dabei definiere ich beherrschen nicht einfach als genießen. Oder einiges an Geld verdienen und sein Leben ganz durchschnittlich und zufrieden zu führen. Beherrschen heißt, sein Leben ständig zu verbessern. Sich weiterzuentwickeln. Dazu zählt auch, seine Qualität im Geschäft ständig zu steigern.

Denn: Wenn Sie Ihre Gegenwart nicht beherrschen, werden Sie von ihr fremdbestimmt.

Wenn Sie sich nicht daran machen, Ihr Leben in die eigenen Hände zu nehmen, für sich selbst die alleinige Verantwortung zu übernehmen, dann werden andere das für Sie tun. Dann werden Sie keine Möglichkeiten erhalten, nicht mit den besten Ideen. Wer nicht bereit ist, sich heute zu entscheiden und dabei lieb gewordene Gewohnheiten aufzugeben, der wird seine Gegenwart und damit auch seine Zukunft nicht beherrschen.

Dabei ist es nicht schwer: Ihre Lebensqualität ist zum größten Teil abhängig von Entscheidungen, die Sie treffen oder nicht treffen. Und ob Sie die täglichen Entscheidungen in die Tat umsetzen oder nicht. Studien zeigen, dass nur etwa zehn Prozent der Menschen ihre Entscheidungen bewusst in die Tat umsetzen.

Sie erkennen, dass Sie auf dem richtigen Weg sind, wenn Sie sich automatisch drei- oder viermal am Tag folgende Fragen stellen:

→ Wie kann ich meine kostbare Zeit jetzt, in diesem Moment am besten, am wirtschaftlichsten und am produktivsten einsetzen?

→ Was ist jetzt in diesem Moment, in diesen Sekunden am wichtigsten in meinem Geschäftsleben – und warum?

Diese Fragen haben eine große Macht. Wenn sie Ihnen automatisch in den Sinn kommen, ohne dass Sie sich bemühen müssen, dann wissen Sie, dass Sie auf dem richtigen Weg zum dauerhaften Erfolg sind.

Zusammenfassung:

Die Macht einer Entscheidung ist gewaltig. Nutzen Sie sie. Seien Sie sich darüber im Klaren, dass sogar kleine Veränderungen an Ihrer Persönlichkeit heute einen ganz anderen und viel erfolgreicheren Menschen in zehn oder 20 Jahren aus Ihnen machen können. Viele kleine Veränderungen sind der Schlüssel zum dauerhaften Erfolg. Die Entscheidung liegt bei Ihnen – und nur bei Ihnen allein.

3.6 Was Sie suchen, ist in Ihrem Kopf

» *Die meisten Menschen unterscheiden sich nur wenig in Bezug auf Denkvermögen und Intelligenz, fast jeder kann alles erreichen. Aber nur wenige nutzen ihr Potenzial. Dabei brauchen Sie gar nicht weit zu gehen, wenn Sie die besten Ideen finden wollen. Sie sind bereits in Ihrem Kopf.* «

Als Kind habe ich oft geträumt. Ich wollte als Baseballer für die New York Yankees spielen, ich wollte Basketball spielen können wie Walt Frazier oder so gut in der Schule sein wie Stanley. Wenn ich meiner Oma davon erzählte, schaute sie mich immer nur an und sagte: „Kind, tu es, du kannst es." Und sie erzählte mir von ihrem 3-P-System. Auf Amerikanisch stehen die drei P für pencil, paper und plan. Übersetzt: Nimm dir einen Bleistift und schreib deine Ziele und Ideen auf ein Blatt Papier.

Das habe ich mein Leben lang getan. Und jetzt ist das Truppner-Training daraus geworden.

Ein Ziel, das Sie einmal aufgeschrieben haben, hat viel mehr Wucht als eines, das bis jetzt nur als Idee in Ihnen ist. Rufen Sie die Dinge ab, die in Ihnen schlummern. Lassen Sie sie heraus und geben Sie ihnen damit eine feste Gestalt, die auch Sie wiederum stärker an die Ziele und Ideen bindet.

Wenn Sie eine Idee aufschreiben, übernehmen Sie Verantwortung für ihr Gedeihen.

In jedem Menschen liegt ein sehr wertvoller Schatz. Ich weiß, Sie haben diesen Satz schon 1.000 Mal gehört. Genau das ist der Punkt: Er ist keine leere Redewendung, sondern eine dauerhafte und sehr erfolgreiche Lebensphilosophie. Holen Sie diesen Schatz aus sich heraus und nutzen Sie ihn optimal und konsequent. Denn vieles, was Sie in Ihrem Leben suchen, ist schon in Ihnen angelegt.

Ein hochrangiger Manager von Adidas erzählte mir einmal, dass er manchmal mit einem ungelösten Problem zu Bett geht und mit der Lösung aufwacht. Als ich das anderen erzählte, war ich überrascht: Viele Menschen schaffen es offenbar, ihre Probleme im Schlaf zu lösen. Ich weiß nicht, ob es Ihnen auch so geht, aber es ist ein schönes Beispiel dafür, was alles unerkannt in Ihnen schlummert. Es gibt einen schönen Satz dazu:

Das, was hinter uns liegt, und das, was vor uns liegt, sind klitzeklein im Vergleich zu dem, was in uns liegt.

Studien zeigen, dass etwa 90 Prozent aller Menschen mit mehr oder weniger ähnlichen Lernfähigkeiten und geistigen Kapazitäten geboren werden. Also kommt es auf Sie an, was Sie aus diesen Fähigkeiten machen. Machen Sie sich bewusst, wie viel Sie erreichen können, wenn Sie sich selbst jeden Tag aufs Neue verbessern. Suchen Sie jeden Tag nach einer neuen Idee, einem neuen Plan oder einem guten Gedanken. Wenn

Sie das regelmäßig tun, gewinnen Sie eine große Sicherheit darin, jeden Tag ein Stückchen voranzukommen.

Wenn Sie Dinge erreichen wollen, die Sie noch nie erreicht haben, müssen Sie Dinge tun, die Sie noch nie getan haben.

Konzentrieren Sie sich auf einen wichtigen (Geschäfts-)Punkt. Am Anfang werden Sie feststellen, wie schwer es ist, sich nur auf ein Thema zu konzentrieren. Nicht nur, weil immer andere Reize dazwischenkommen wie ein klingelndes Telefon oder ein überraschender Besuch. Selbst wenn Sie alle Reize ausschalten, werden Sie feststellen, wie schwer es ist, sich nur auf sich selbst und die Arbeit an einem einzigen Thema zu konzentrieren. Aber das ist durchaus normal. Noch schwerer ist es, eine solche Konzentration auf einen Punkt vielleicht viermal pro Woche für jeweils zwei Stunden zu halten. Um eine solche absolute Konzentration zu erreichen, müssen Sie alle anderen Denkfelder oder Gedanken ausblenden oder ausschalten.

Gedanken sind wie ein Fischschwarm:
Wenn Sie sich nicht auf den einen Fisch oder Gedanken konzentrieren, den Sie fangen und festhalten wollen, sondern planlos in den Schwarm hineingreifen, werden Sie leer ausgehen.

Zusammenfassung:

Seine besten Gedanken zu finden erfordert besondere Konzentration. Viele Menschen haben die Fähigkeit zu dieser intensiven Beschäftigung mit sich selbst im Alltag verloren. Das Truppner-Training hilft Ihnen bei der Konzentration – die Lösungen für viele Probleme und Herausforderungen stellen sich dann ganz von alleine ein.

3.7 Eine Marke ist eine Marke

»*Es sagt sich so leicht: Der Verkäufer ist nicht mehr gefragt, ein Beziehungsmanager müssen Sie sein. Das ist die Basis unseres Geschäfts heutzutage, und das sage ich auch immer wieder. Aber eines müssen Sie immer verkaufen: sich selbst.*«

Wie geht das? Wie überall brauchen Sie eine starke Marke. Denn nichts macht es einfacher, den Kunden zu überzeugen, als eine hervorragend eingeführte und sehr positiv besetzte Marke. Nutzen Sie die Vorverkaufswirkung dieser Marke: Der Kunde ist bereits überzeugt und begeistert von Ihnen, bevor Sie in das erste Gespräch mit ihm gehen.

Dabei ist klar: Nur Sie selbst können sich so in Szene setzen. Ihre Fachkompetenz und Ihre Sicherheit sind dafür notwendig. Richtig stark werden Sie aber erst, wenn Sie als Person überzeugen können. Seien Sie offen. Lassen Sie Geschichten und Anekdoten aus Ihrem Leben einfließen. Nutzen Sie Ihre eigenen, ganz persönlichen Erfahrungen, um Ihren Kunden die Richtigkeit und Wichtigkeit Ihres Handelns zu vermitteln.

Kennen Sie das, wenn jemand über den anderen sagt: „Na, der ist ja eine Marke!" In der Regel ist das nicht ganz ernst und nicht ganz nett gemeint. Aber es zeigt eines: Wer auffällt, wird als Marke wahrgenommen.

Letztendlich gibt es eine extrem wichtige Frage, die darüber entscheidet, ob Sie den potenziellen Kunden gewinnen oder nicht:

Wie überzeugend sind Sie?

Deshalb nehmen Sie sich die Zeit, sich selbst kennen zu lernen. Und an sich zu arbeiten. Die beste Investition, die Sie jemals machen werden, ist eine gut durchdachte Investition in sich selbst. Nehmen Sie sich immer wieder Zeit, sich selbst neu zu finden und sich neu zu entdecken.

Um langfristig Erfolg zu haben, müssen Sie in sich selbst intelligent und umfangreich investieren. Es dauert einige Zeit, bis eine Marke bekannt ist. Wie beim Schachspiel sollten Sie Ihre Strategien, Ihre Zukunft und Ihre Richtung schon heute festlegen. Sehr wichtig ist, dass Sie Ihre Strategien regelmäßig überprüfen, optimieren und neuen Geschäftssituationen anpassen.

Überlegen Sie sich, wofür Sie stehen. Wie soll der Kunde Sie wahrnehmen? Wenn Sie jetzt sagen: als kompetenten Berater, der auf alle Fragen eine Antwort hat, dann sage ich: Das ist sehr gut, aber nicht genug. Denn der Kunde will nicht nur gut beraten werden. Er fordert mehr, will unterhalten und angeregt werden. Auch in der Finanzbranche wird Event-Shopping gefordert. Das sollten Sie Ihren Kunden bieten.

Sorgen Sie dafür, dass ein Gespräch mit Ihnen zu einem Wellness-Event wird.

Und dann sorgen Sie dafür, dass Ihre Kunden davon erzählen. Lassen Sie Ihre Kunden Werbung für Sie machen, Ihre Kunden sind die Vertriebsabteilung für Sie. Helfen Sie nach: Sagen Sie Ihren Kunden, dass Sie von Empfehlungen leben, dass Sie gerne weiterempfohlen werden. Wenn der Kunde Sie schätzt, wird er Sie gerne empfehlen. Und dann werden Sie selbst zu einer starken Marke.

Aber damit nicht genug: Stellen Sie sich jeden Tag die Frage: Wie festige ich meinen Wiedererkennungswert als Marke? Wie betone ich meine Einzigartigkeit? Denn auch wenn Sie angestellt sind, sollen die Kunden, wenn es um Geld geht, nicht an die Bank oder die Versicherung oder andere Unternehmen denken, für die Sie arbeiten. Sie sollen an Sie denken – und nur an Sie allein.

Stellen Sie sich regelmäßig folgende Fragen – so lange, bis sie Ihnen automatisch in den Sinn kommen:

→ Wie definieren Sie sich als Marke?

→ Wie unterscheiden Sie sich von anderen Beratern?

→ Was ist besonders an Ihren Kundenloyalitätssystemen?

→ Was ist besonders originell und einzigartig an Ihrem Beratungsstil/Kundenmanagementstil?

→ Welche Einstellungen, persönlichen Erfahrungen und Erlebnisse sind Ihr Markenzeichen?

→ Warum soll gerade Ihr Angebot das richtige für Ihre Kunden sein?

→ Wozu braucht der Markt Ihre Dienstleistung?

→ Was ist das Besondere an Ihrer Dienstleistung?

→ Was machen Sie anders als andere?

→ Was machen Sie besser als andere?

→ Welchen konkreten Vorteil/Nutzen hat Ihr Kunde?

Es ist nicht so wichtig, dass Sie heute schon auf alle diese Fragen überzeugende Antworten haben. Aber wenn Sie noch keine guten gefunden haben, sollten Sie daran arbeiten.

Definieren Sie Ihre Marke in eng gesteckten Grenzen: Zu viele Eigenschaften verwässern Ihr Profil. Wer gleichzeitig Bioprodukte an Endkunden und Düngemittel an Bauern verkauft, ist unglaubwürdig.

Sorgen Sie dafür, dass Sie sich unterscheiden.* Bauen Sie Alleinstellungsmerkmale auf. Tun Sie das bewusst und konsequent. Das kann eine besondere Art des Umgangs sein, das können Veranstaltungen unter Ihrem Namen und in Ihren Geschäftsräumen sein oder Kolumnen in einer Regionalzeitung. Positionieren Sie sich als Experte.

Nutzen Sie Kundenloyalitätssysteme? Wenn ja, wie unterscheiden sie sich von denen Ihres direkten Konkurrenten? Tun Sie etwas anderes als er. Er bietet bei drei geworbenen Kunden ein Abo einer Reisezeitschrift an? Schicken Sie Ihren Kunden die Zeitschrift ohne Gegenleistung und bieten Sie an, bei fünf geworbenen Kunden könne er an ein in der Zeitschrift beschriebenes Ziel seiner Wahl fahren.

Sie haben einen eigenen Stil. Nutzen Sie ihn. Bauen Sie ihn aus. Bei meinen Seminaren verlassen die Menschen den Raum, sind begeistert und motiviert – und wenn sie dann Freunden und Kollegen von mir erzählen, fangen fast alle immer mit meinem amerikanischen Akzent an. Ist der wirklich so schlimm? Zumindest scheint er ziemlich eigenartig zu sein und im Gedächtnis zu bleiben. Früher dachte ich, mein Akzent sei ein Nachteil. Heute weiß ich, dass dieser Akzent dazu beiträgt, dass ich eine Marke bin.

Was haben Sie erlebt, bevor Sie den Kunden getroffen haben? Bevor Sie überhaupt in Ihren Beruf kamen? Als Kind, als Student oder Studentin, als Auszubildender, mit dem ersten Chef oder in der ersten Firma? Aus welchen Situationen haben Sie etwas für Ihren Beruf mitgenommen? Lassen Sie Ihre Kunden an Ihrem Erfahrungsschatz teilhaben. Viele Menschen empfinden ähnlich, wenn sie in ihrem ersten Bewerbungsgespräch stecken. Und gleiche Erfahrungen verbinden.

* Siehe gesonderte Beilage »Das Truppner-Training«

Was macht eigentlich Ihr Angebot so einzigartig? Denn einzigartig ist es. Warum? Weil Sie das Angebot machen. Es kommt nicht auf die Produktdetails an, es kommt darauf an, wie Sie das Produkt präsentieren!

Das gilt auch für Ihre Dienstleistung: Sie ist etwas ganz Besonderes, weil sie von Ihnen kommt. Dabei gilt unbedingt: Ihre Aufgabe ist es, im besten Sinne Ihrer Kunden zu handeln. Nichts ist schlimmer, als um eines kurzfristigen Erfolges willen einen Kunden falsch oder nicht vollständig zu beraten. Denn ein solches Verhalten fällt immer wieder auf Sie zurück. Und nicht nur der Kunde ist dann weg, sondern auch die 20 anderen, die Sie in den kommenden Jahren über ihn neu gewonnen hätten, wenn Sie alle meine Tipps für Ihr Empfehlungsmanagement beachtet hätten.

Was machen Sie anders als andere? Das ist Ihnen überlassen, die Möglichkeiten sind riesig. Dazu ist es zunächst einmal notwendig, dass Sie wissen, was die anderen machen. Und dann machen Sie es anders und besser.

Zusammenfassung:

Bauen Sie sich zur Marke auf, arbeiten Sie jeden Tag an Ihrem Wiedererkennungswert. Sorgen Sie dafür, dass jeder Kunde mit Ihnen eine besondere Qualität verbindet. Ihre Produkte können austauschbar sein, Sie sind es nicht. Das muss der Kunde spüren. So werden Sie für ihn zu einer Marke.

3.8 Streifen Sie Ihre Gewohnheiten ab

» *Gewohnheiten sind in 90 Prozent der Fälle kontraproduktiv. Sie hemmen uns und behindern unsere Entwicklung. Nur wer Gewohnheiten ablegt und sich darauf konzentriert, jeden Tag etwas Neues und anderes zu tun, wird dauerhaften Lebenserfolg erreichen.* «

Um es mit einem Bild zu verdeutlichen: Der Beginn einer Gewohnheit ist wie ein unsichtbarer Faden. Aber jedes Mal, wenn wir die Gewohnheit wiederholen, stärken wir den Faden, bis er zu einem dicken Wollknäuel wird, der uns in unserem vertrauten Denken und Handeln zunehmend einwickelt und dadurch immer unbeweglicher macht.

Etwa 92 Prozent unseres Handelns werden von Gewohnheiten bestimmt. Vom Aufstehen bis zum Schlafengehen diktieren Gewohnheiten unsere Worte und Taten, Reaktionen und Antworten. Gewohnheiten geben uns Sicherheit. Routine macht uns schnell und stark.

Um im Bild zu bleiben: Wenn die Gewohnheit ein Faden ist, der uns immer mehr einwickelt, sind wir bald nach allen Seiten dick gepolstert. Das ist angenehm, wenn wir fallen.

Aber es ist unmöglich, mit einem dicken Wollknäuel um uns herumzulaufen oder uns überhaupt zu bewegen.

Gewohnheiten sind bequem und gut für den, der sich nicht mehr bewegen will.

Wer sich bewegen will, und das heißt auch sich verändern, muss das Wollknäuel aus Gewohnheiten abstreifen. Fangen Sie noch heute damit an.

Stellen Sie sich dazu folgende Fragen:

→ Was hat mir in meinem Leben geholfen?

→ Was hat mir weniger geholfen?

→ Was an meiner Gewohnheit oder Routine hat mir geholfen?

→ Was an meiner Gewohnheit oder Routine hat mir nicht geholfen?

→ Worüber ärgere ich mich am meisten?

→ Welche Fehler mache ich immer wieder?

→ Welche guten Vorsätze für das neue Jahr habe ich umgesetzt?

→ Welche Vorsätze habe ich nicht umgesetzt?

→ Welche Dinge nehme ich mir jedes Jahr aufs Neue vor, ohne sie umzusetzen?

→ Welche Gewohnheiten wollte ich längst ablegen?

→ Welche meiner Angewohnheiten nerven meine Umwelt?

→ Was hat für mich die oberste Priorität in meinem Leben – und warum?

→ Womit werde ich sofort beginnen?

Noch einmal: Es ist nicht nötig, dass Sie jetzt sofort und auf einen Schlag alle Ihre schlechten Angewohnheiten ablegen. Im Gegenteil: Lassen Sie sich Zeit. Wichtig ist nur, dass sie heute noch damit beginnen.

Wenn Sie die Fragen durchgehen und für sich im Kopf oder am besten schriftlich beantworten, wissen Sie jetzt, wo Sie anfangen müssen.

Denn eines ist sicher: Wer sich nicht von seinen Gewohnheiten befreit, bleibt stehen und wird keinen dauerhaften Erfolg erreichen. Vielleicht verspielen Sie sogar Ihren bis jetzt erreichten Erfolg. Denn auch hier gilt der Satz: Wer im Rennen stehen bleibt, wird eingeholt.

Und wir alle müssen rennen: Wir müssen unsere Kundenbeziehungen verbessern. Wir alle müssen ständig an unserem Geschäftsmodell arbeiten. Wir brauchen neue und bessere Gedanken, Ideen und Strategien. Wir müssen uns ständig etwas Neues ausdenken und es dann in die Tat umsetzen.

(Positive) Veränderung ist für den Menschen etwas ganz Normales. Wir alle ändern uns ständig. Aber der natürliche Veränderungsprozess verläuft nicht gradlinig. Er wird immer wieder von den unterschiedlichsten Dingen angestoßen, und wir reagieren darauf.

Sehen Sie sich Bäume an: Ihr ganzes Leben lang wachsen sie. Sie recken sich nach Licht und Luft und werden dabei von ihrer Umgebung geprägt. Und die Bäume wachsen so weit, bis sie sich ganz entfaltet haben. Darin zeigt sich, dass sie gesund und stark sind, dass sie auf einem fruchtbaren Boden wachsen, dass die Luft gut ist und dass sie genug Wasser bekommen. Und der Baum wächst und wird immer größer und stärker.

Aber der Baum muss nichts tun, die Veränderung stellt sich automatisch ein, wie bei vielen von uns auch, die sich einfach treiben lassen.

Das kann sehr gut funktionieren. Viele der besten Ideen hatte ich, weil ich mich einfach treiben ließ und darauf vertraute, dass mein Unterbewusstsein mich wieder zu einer guten Idee führt. Aber darauf ist kein Verlass. Wer dauerhaft Erfolg haben will, muss sich darauf verlassen können, dass immer wieder neue Ideen entstehen und dass er auch in der Lage ist, diese umzusetzen.

Deshalb: Betreiben Sie ein gezieltes Veränderungsmanagement.

Um dauerhaften Erfolg zu erreichen und zu bewahren, müssen wir uns immer wieder neu finden und entdecken. Nehmen Sie sich einige Mal im Jahr die Zeit und die Ruhe, über sich selbst und Ihre Ziele nachzudenken. Analysieren Sie, was Sie auf dem Weg zu diesen Zielen noch aufhält. Und dann beseitigen Sie es.

Zusammenfassung:

Die Macht der Gewohnheit ist fast immer kontraproduktiv. Suchen Sie auch bei Routineaufgaben einmal nach einem anderen Weg. Tun Sie etwas anderes oder tun Sie zumindest das, was Sie bisher taten, einmal etwas anders. Das Truppner-Training hilft Ihnen dabei, diesen Prozess zu managen.

3.9 Lernen Sie ständig

> *Nur eines ist auf Dauer teurer als Bildung – wenig Bildung. Die beste Anlage ist die in Ihre persönliche Weiterbildung. Lernen Sie Ihr ganzes Leben lang.*

Wer sich positiv verändern will, muss lernen. Heißt das, wieder die Schulbank zu drücken, Seminare zu buchen und Akademien zu besuchen? Ja, das auch. Aber zuallererst heißt lernen für mich, neue Dinge aufzunehmen und daraus für mich etwas Sinnvolles herauszuziehen.

Beobachten Sie Menschen im Bahnhof oder am Flughafen, und Sie werden viel lernen. Beobachten Sie Kinder beim Spielen. Gehen Sie in ein Geschäft und hören Sie eine Weile den Kundenberatern zu. Verfolgen Sie die Gespräche am Stammtisch, in einer Eckkneipe mit Fußballübertragungen oder an einer Imbissbude. All das ist sehr lehrreich.

Seminare, Akademien oder Schulen sind ein unverzichtbarer Teil Ihres Lernens. Denn hier bekommen Sie Handwerkszeug vermittelt, Fachwissen, Methoden und Erfolgsstrategien. Ohne können Sie auf Dauer nicht bestehen. Aber ich denke, dass diese fertigen Angebote immer nur ein Teil Ihres Lernens sein sollten.

Der andere Teil ist das Lernen aus Situationen und Erfahrungen.

Ein Beispiel: Mein Bruder Joel studierte in den USA und bereitete sich auf eine Karriere als Rechtsanwalt vor. Sehr zur Freude meiner Eltern. Sein bester Freund auf der Uni war ein Junge aus Japan. Der bekam von seinen Eltern einmal ein Päckchen mit vielen kleinen Aufmerksamkeiten geschickt – und dazu ein paar wunderschöne Bilder. Japanische Landschaften, wunderbar fotografiert und herrlich anzuschauen. Mein Bruder war fasziniert. Damals war für uns in den USA Japan noch eine fremde Kultur, über die wir nicht viel wussten.

Mein Bruder brachte gegenüber seinem Freund sein großes Erstaunen zum Ausdruck, für den die Bilder nichts Besonderes waren. „Können deine Eltern uns davon 1.000 Stück schicken?“, fragte er ihn als Erstes, nachdem sich seine Überraschung etwas gelegt hatte. Sie konnten – und mein Bruder und sein Freund verkauften sie alle. Beide brachen ihr Studium ab und führen heute eine der größten Bildagenturen in den USA.

Langer Rede kurzer Sinn: Sie brauchen die Universität noch nicht einmal zu beenden, um erfolgreich zu sein. Aber Sie müssen wissen, was Sie wollen. Und glauben Sie mir: Mein Bruder hat hart gearbeitet und viel gelernt, um sein Geschäft nach 20 Jahren so groß zu machen.

Das ist keine Einladung, jetzt so schnell wie möglich die Uni abzubrechen. Aber es ist ein gutes Beispiel für die Möglichkeiten, die sich oft neben den eingefahrenen Bildungswegen auftun. Und ich höre noch meine Mutter sagen: „Tu das nicht, es ist viel zu riskant, du weißt doch gar nicht, ob das klappt.“ Alles richtig, aber es gilt der alte Satz:

Risiko entsteht dann, wenn man nicht weiß, was man tut.

Aber zurück zum Lernen. Dass wir alle ein Leben lang lernen müssen, ist klar. Wie sollten wir es sonst schaffen, unseren Videorekorder zu programmieren oder unseren Blackberry zu bedienen?

Lernen wird im Alter nicht leichter, sagen alle Studien. Das stimmt, das merke ich an mir – und Sie wahrscheinlich auch an sich. Deshalb ist es so wichtig, das Lernen früh in den Alltag zu integrieren. Schaffen Sie sich regelmäßig einen Freiraum in Ihrem Alltag, den Sie zum Lernen nutzen. So bleiben Sie in Lernübung und haben es sehr viel leichter. Leichter als die wahrscheinlich 90 Prozent der Menschen, die genau das nicht machen und die deshalb sehr viel schwerer lernen als Sie.

Lernen ist wie ein Fondssparplan: Aus kleinen Steinen wächst ein Berg. Am Anfang sieht er noch winzig aus. Aber über die Jahre, auf lange und längste Sicht, erreichen Sie mit dem Lernen in kleinen Einheiten das Gleiche wie mit einem guten Sparplan: ein Vermögen.

Lernen lässt sich üben. Hier eine kleine Anleitung, die mir sehr geholfen hat:

- → Richten Sie einmal am Tag Ihre Konzentration auf einen wichtigen (Geschäfts-)Punkt oder ein wichtiges Thema.
- → Lenken Sie Ihren Fokus auf eine einzige Wahrnehmung.
- → Beobachten Sie still Ihre Gedanken.
- → Filtern Sie mit Ihren Sinnen alles Unnötige heraus, das ansonsten permanent auf Sie einwirkt in Form von Eindrücken, Gedanken, Gefühlen und körperlichen Bedürfnissen wie Hunger oder Müdigkeit.
- → Jetzt ist Ihr Gehirn nicht mehr damit beschäftigt, diese Vielzahl von Reizen zu verarbeiten.
- → Schreiben Sie die Ergebnisse auf.

Übung macht den Meister. Mit der Zeit wird es Ihnen immer leichter fallen, Ihre Konzentration auf einen Punkt ausdauernd zu fokussieren.

Ein Beispiel noch von jemandem, der es mit dem Lernen erst sehr, sehr genau nahm und dann nichts mehr davon wissen wollte: Andreas war ein Kollege bei einer großen Fondsgesellschaft in Deutschland. Er war einer der besten, das muss ich sagen. Er hatte mehr Potenzial als die meisten anderen. Er lernte immer dazu und hatte brillante Ideen, um die ich ihn immer noch beneide. Er erreichte unheimlich viel: viele und gute Kunden, eine sehr starke und hohe Position, viel Geld. Er beherrschte drei Sprachen – und das fließend.

Dann hatte er keine Lust mehr, sich so fürchterlich anzustrengen. Er hörte auf zu lernen. Am Anfang hat es niemand bemerkt. Irgendwann wurde gefragt, ob mit ihm etwas los sei. Seine Antwort: „Nein, alles in Ordnung, ich habe nur keine Lust mehr, so viel zu lernen. Ich finde es gut, wie ich bin." Er wurde dick. Seine Firma stellte ihn vor die Wahl, sich wieder zu engagieren oder zu gehen. Er ging. Zunächst zu einer anderen Firma. Jetzt macht er gar nichts mehr. Und niemand in seiner Branche würde ihn noch nehmen. Er hat sich selbst ruiniert.

Zusammenfassung:

Hören Sie nie auf zu lernen. Sobald Sie aufhören, werden Sie überholt. Immer eine gute Idee im Voraus zu sein ist Ihr wichtigstes Kapital.

3.10 Verlassen Sie Ihre Komfortzone

» *Menschen richten es sich gerne gemütlich ein. Ihre Wohnung wie ihr Leben. Das gilt übrigens genauso für die Amerikaner wie für die Deutschen, auch wenn oft Gegenteiliges behauptet wird. Jeder Mensch hat das Verlangen, sich eine Komfortzone zu schaffen. Um sich positiv zu verändern, müssen Sie Ihre Komfortzone verlassen.* «

Stellen Sie sich einmal das Restaurant meines Vaters, „Richard‘s Restaurant“, an einem Samstagabend vor: voll besetzt, vielleicht 25 Tische, 100 bis 150 Gäste. Es ist laut, die Musik spielt, das Essen wird serviert, es wird auf- und abgeräumt, Gäste gehen, neue Gäste kommen. Und die Kellnerin ist blind.

Unglaublich? Das dachte mein Vater auch. Virginia, die blinde Kellnerin, war schon 60 Jahre alt, als sie sich auf eine Anzeige meines Vaters bei uns bewarb. Mein Vater sah die Bewerbung und zeigte sie meiner Mutter mit den Worten: „Schau mal, das ist doch ganz und gar unmöglich, dass sich eine blinde Dame bei uns bewirbt.“ Und er wollte sofort absagen. Meine Mutter dagegen bestand darauf, dass Virginia sich zumindest vorstellen sollte. Und nachdem sie sich kennen gelernt hatten, vereinbarten sie eine Probezeit.

Virginia arbeitete in „Richard's Restaurant“, hatte ihre eigene Station und – glauben Sie mir –, nach einiger Zeit war ihre Station die beliebteste im Restaurant, und es kamen Gäste, die ausschließlich bei ihr sitzen wollten und dafür gerne in Kauf nahmen, etwas warten zu müssen.

Eine hervorragende Möglichkeit der Kundengewinnung werden Sie sagen. Stimmt, dafür hatte meine Mutter ohnehin ein Gespür. Aber noch mehr beeindruckte mich, wie Virginia ihr Leben in die Hand genommen hatte.

Sie hatte lange in einer Firma gearbeitet und war dann entlassen worden. Danach war sie arbeitslos und wusste nicht, was sie machen sollte. Die Anzeige hatten ihr Freunde vorgelesen, weil sie alle Anzeigen kennen wollte. Und sie traute sich, auf die Stelle zu bewerben und sich damit auf eine komplett neue, fast unmögliche Herausforderung einzulassen.

Sie kam so gut an, dass sie auch wegen des Medieninteresses eine Weile die wahrscheinlich berühmteste Kellnerin New Yorks war.

Virginia hatte ihre Komfortzone verlassen und ihr Leben komplett neu gestaltet.

Warum erzähle ich Ihnen das so ausführlich? Erstens ist es eine sehr schöne Geschichte. Zweitens zeigt sie auch, wie wichtig es ist, seine Bequemlichkeit, seine Routine und seine Komfortzone hinter sich zu lassen, um sich positiv zu verändern.

Nur wer immer wieder einmal etwas ganz anderes tut, wird dauerhaften Erfolg haben.

Immer wieder zeigt sich: Der Mensch lernt und versteht dann am meisten und besten, wenn er bereits drei Monate seine Komfortzone verlassen hat.

Warum? Weil der Ausbruch aus den Gewohnheiten befreiend wirkt. Weil er dann gezwungen ist, sich um andere Menschen zu kümmern, sich mit anderen Themen zu beschäftigen und damit auch neue Wege zum Ziel zu finden. Was meinen Sie, wie ein solcher Druck das eigene Lernvermögen anspornt?

Doch wie können Sie die Komfortzone am schnellsten verlassen? Entscheiden Sie selbst, welche Ihrer Angewohnheiten Sie ablegen wollen. Welches neue Gebiet Sie bearbeiten wollen oder welches neue Ziel Sie anstreben. Schreiben Sie es sich auf und kontrollieren Sie Ihre Fortschritte regelmäßig. Wie weit sind Sie gekommen? Haben Sie wirklich neue Wege gewählt, oder sind Sie wieder in den alten Trott verfallen?

Kombinieren Sie das Zahnpastaprinzip mit dem Maximumprinzip des Menschen.

Um Ihre Ziele zu erreichen, setzen Sie sich wie eine Zahnpastatube angenehm und positiv unter Druck. Die Ergebnisse kommen wie bei der Zahnpasta auch mit wenig Druck, zu viel würde nur schaden. Schöpfen Sie alle Ihre Möglichkeiten aus und holen Sie aus sich so effektiv wie möglich den letzten Rest heraus.

Zusammenfassung:

Jeder Mensch hat einen Bereich aus Gewohnheiten und Routine, in dem er sich wohl, geborgen und sicher fühlt, seine Komfortzone. Um positive Veränderungen zu erreichen, müssen Sie diese Komfortzone verlassen. Denn nur wenn Sie etwas Neues tun, können Sie sich weiterentwickeln. Das ist zunächst einmal unbequem. Aber nur so können Sie dauerhaften Erfolg erreichen.

3.11 Die Macht der Gelassenheit

» *Um sich weiterzuentwickeln, müssen Sie ehrlich zu sich sein. Wenn Sie ehrlich sind, werden Sie Ihre Fehler erkennen. Wenn Sie sie erkennen, können Sie sie abstellen. Nehmen Sie Ihre Fehler ernst. Aber lassen Sie nicht zu, dass sie eine zu große Bedeutung in Ihrem Leben bekommen. Bleiben Sie gelassen.* «

Hoffentlich nehmen Sie nichts persönlich. Jeder macht Fehler, jeder macht einmal Quatsch und Dummheiten. Das ist ärgerlich, manchmal wirft es uns zurück, aber das Leben geht weiter. Das ist sicher.

Wenn Sie sich gut kennen und ehrlich zu sich sind, können Sie gelassen bleiben. Die Macht der Gelassenheit ist enorm.

Was heißt Gelassenheit? Nicht etwa, dass Sie sich nicht kümmern. Auch nicht, dass Ihnen Dinge egal sind. Gelassenheit heißt einfach, dass Sie nachts gut schlafen können. Dass Sie zufrieden sind mit dem, was Sie geleistet haben. Und dass Sie über Fehler und Versäumnisse so weit nachgedacht haben, dass Sie damit umgehen können.

Gelassenheit und Ruhe sind entscheidend, wenn Sie dauerhaften Erfolg anstreben. Denn wenn Sie diesen ausgeglichenen Gemütszustand nicht erreichen, werden Sie im Laufe Ihres Lebens krank werden. Sie werden Ihre Kreativität und die Fähigkeit verlieren, gute Ideen zu finden.

Sie können alles erreichen, wenn Sie ehrlich zu sich sind und wenn Sie in einem sehr guten Mentalzustand sind: gelassen, ausgeglichen und offen für Neues.

Gelassenheit macht Denken möglich.

Wenn Sie gelassen und ausgeglichen sind, kommen Ihnen auch gute Ideen und Gedanken. Wer sich dagegen immer und immer wieder mit den kleinen und großen Problemen des Alltags beschäftigt und sich darin verliert, der wird sich auf lange Sicht daran aufreiben.

Gelassenheit ist mit Abstand die beste Quelle für unsere Motivation, Energie und Weisheit. Ihre Gelassenheit wird Ihnen helfen, innerlich und äußerlich im Gleichgewicht zu sein, mit Stresssituationen besser umzugehen, die Kraft der Stille zu nutzen sowie körperliche, geistige und seelische Prozesse miteinander zu verbinden. Wer gelassen ist, hat mehr Kraft für seinen Alltag, bleibt auch in unangenehmen Situationen konzentrierter und profitiert zudem gesundheitlich von den inneren Energiequellen des Wohlbefindens.

Ich weiß, es klingt immer ein bisschen verschroben, wenn man einige Dinge offen ausspricht. Aber als Amerikaner habe ich damit vielleicht weniger Schwierigkeiten als viele Deutsche. Dabei sind es ganz einfache Dinge, die ich Ihnen mitgeben will:

Der Weg zu mehr Gelassenheit, zu einem ausgeglichenen Mentalzustand, guter Gesundheit und Zufriedenheit ist kein Geheimnis.

→ Ein bewussteres Leben
→ Achtsamkeit
→ Dankbarkeit
→ Einfachheit
→ Geduld
→ Ehrlichkeit
→ Hingabe
→ Humor

sind die Wegmarken.

Folgen Sie ihnen.

In meinen Seminaren fragen mich an dieser Stelle immer einige Zuhörer: „Wie geht das denn? Ich habe so schon kaum Zeit, und jetzt soll ich noch das alles zusätzlich leisten?“

Das stimmt, Sie sollen das alles leisten. Aber es ist keine Frage der Zeit. Es ist nur eine Frage des Willens zur Veränderung. Dieser Wille ist es, den Sie aufbringen müssen.

Aber Gelassenheit lässt sich auch trainieren. Wie das geht? Nehmen Sie das Projekt Gelassenheit ernst. Es ist kein Spaß und kein Luxus, es ist entscheidend für Ihren Erfolg. Arbeiten Sie daran.

Am besten geht es Schritt für Schritt.

Ziel ist es, dass Sie eine Gelassenheit und Ausgeglichenheit ausstrahlen, wann und wo immer Sie es wollen. Der erste Schritt: Vergessen Sie alle Probleme, sobald Sie Ihr Büro verlassen. Lassen Sie die Geschäftsprobleme dort und gehen Sie nach Hause. Konzentrieren Sie sich auf etwas Schönes. Gehen Sie spazieren oder machen Sie Nordic Walking. Gehen Sie mit Ihrem Partner essen oder spielen Sie mit Ihren Kindern. Treffen Sie Freunde und verbieten Sie sich selbst, über das Geschäft zu reden.

Ein Trick: Schreiben Sie Ihre kleinen und größeren Geschäftsprobleme im Büro auf einen Zettel oder in den Computer. Lassen Sie den Zettel in Ihrem Büro zurück. Am nächsten Morgen schauen Sie sich den Zettel wieder an. Sie werden sehen, dass Sie für einen Teil der Aufgaben – denn nichts anderes sind Probleme – schon die Lösung gefunden haben. Ohne dass Sie angestrengt nachgedacht oder die ganze Nacht die Probleme gewälzt hätten. Die Lösung ist, wie schon gesagt, in 90 Prozent der Fälle schon in Ihrem Kopf – Sie wussten es nur nicht.

Gedanken lassen sich auf Papier bringen – und damit aus Ihrem Kopf herausholen.

Im zweiten Schritt erreichen Sie Gelassenheit auch unter direkter Anspannung. Wenn Sie gelernt haben, dass Sie Ihre Gedanken hinter sich lassen können und so zur Ruhe kommen, gehen Sie weiter. Suchen Sie nach etwas, was Sie im Büro machen können, um Ihren Kopf frei zu bekommen. Das können kleine Dinge sein. Denken Sie an etwas Schönes. Tagträumen Sie. Die Kraft des Tagtraumes ist enorm: Sie bestimmen den Inhalt, und ein ganzer Film läuft vor Ihren Augen ab. Er dauert Sekunden oder Minuten, aber in dieser Zeit sind Sie ganz weit weg und ganz gelassen. Selbst unter großer Anspannung können Sie so einen Blitzurlaub einlegen. Wenn Sie das nicht am Schreibtisch schaffen, gehen Sie hinaus. Suchen Sie sich einen leeren Besprechungsraum. Oder zur Not nutzen Sie die Waschräume, um allein zu sein.

Es gibt auch noch einen anderen Weg: Bei mir ist es oft so, dass ich Seminare vor einigen hundert oder bis zu 1.000 Leuten halten muss. Ich bin sehr gründlich in der Vorbereitung, schließe immer mein Laptop mit meinen Folien vorher an den Beamer an und vergewissere mich, dass alles funktioniert. Dann mache ich den Rechner aus und begrüße die Gäste. 20 Minuten vor Beginn schalte ich ihn wieder an, und bis jetzt ist es mir in mehr als 4.000 Seminaren bestimmt 20 Mal passiert, dass der Rechner dann nicht mehr funktionierte. Am Anfang war ich wenig gelassen und versuchte, das Problem zu lösen. Später war ich etwas gelassener und bat meine Gastgeber, das Problem zu lösen. Heute bleibe ich ganz gelassen, rufe den IT-Support von Fidelity an und lasse meine Kollegen das Problem lösen.

Zusammenfassung:

Nutzen Sie die Gabe des Vergessens, nutzen Sie die Macht, Gedanken auf Papier zu bringen. Nutzen Sie die Kraft der Tagträume, um sich selbst immer dann, wenn Sie unter Druck stehen, in einen ausgeglichenen Mentalzustand zu versetzen. Denn Gelassenheit ist eine sehr große Hilfe, um Herausforderungen des Alltags zu meistern – und sich selbst zu verbessern.

Teil 4

Das Ziel: Sich vermarkten

4.1 Die zweitwichtigste Beziehung ist die zu Ihrem Kunden

> *Wer Kunden nur als Objekte betrachtet, die ihr Geld möglichst schnell zu ihnen tragen sollen, der hat verloren. Vor hartem Verkaufen oder reinem Vermitteln laufen die Kunden fort. Das Wichtigste ist, eine Beziehung zu den Kunden aufzubauen. Und zwar eine mehr als nur gute, eine ausgezeichnete Beziehung.*

Die wichtigste Beziehung ist die zu sich selbst. Nur wer sich selbst ausgezeichnet kennt und ehrlich zu sich selbst ist, wird dauerhaften Erfolg haben. Aber wir brauchen immer andere Menschen, um Erfolg zu haben. Die zweitwichtigste Beziehung in Ihrem (Geschäfts-)Leben ist deshalb die zu Ihren Kunden.

Wissen Sie, was John D. Rockefeller einst tat? Er bot seinem wichtigsten Berater, seiner rechten Hand, wie er sagte, ein Jahresgehalt von einer Million US-Dollar. Und er sagte: „Davon sind 1.000 Dollar pro Jahr für dein Fachwissen und 999.000 Dollar dafür, dass du die feinsten Kundenbeziehungen schaffst und bestens pflegst.“ Rockefeller hatte schon damals die Wichtigkeit des Beziehungsmanagements erkannt und die daraus resultierende Macht genutzt.

Das heißt nicht, dass Sie Ihren Partner, Ihre Kinder, Eltern, Familie und Freunde zurücksetzen sollen. Sie sollten aber wissen, dass nur der Erfolg haben kann, der auch das Verhältnis zu seinen Kunden als Beziehung begreift und entsprechend gestaltet.

Stellen Sie sich vor, Sie besuchen ein Seminar. Sie und 30 weitere Berater sitzen in einem Saal – und ein echter Kunde kommt herein. Kein bestellter, ein echter. Was wird er denken, wenn er die Menschen da vor sich sieht? Wen wird er als Berater wählen?

Wahrscheinlich sehen Sie alle mehr oder weniger gleich aus, tragen einen Businessanzug und haben blank geputzte Schuhe. Trotzdem wird sich der Kunde für einen entscheiden. Und zwar für den, der ihm im Gespräch das Gefühl vermittelt, wichtig zu sein, auch wenn er kein Geld mitbringt oder kein Geschäft abschließen will. Er wird eine Beziehung kaufen und damit den Berater mit dem besten Beziehungsmanagement.

Mein Opa hatte einen großen Autohandel in New York. Bis in die 1960er-Jahre war er, soweit ich mich erinnere, der größte Autohändler in New York – bis er sein Geschäft verkaufte. Aber er war so groß geworden, weil er bereits in einer Zeit das Beziehungsmanagement pflegte, als noch niemand wusste, was das eigentlich ist.

Ich gebe zu, die Ideen hatte vor allem meine Oma, aber er setzte sie um. So war damals zum Beispiel der Montag der schlechteste Tag der Woche für einen Autohandel. Und deshalb gab es montags zehn Prozent Rabatt. Simpel, aber erfolgreich. Samstags – und da kommt das Beziehungsmanagement ins Spiel – war Barbecue auf dem Autohof. Alle Kunden und ihre Freunde waren eingeladen. Das war wunderbar, denn über die Jahre entwickelte sich das Ganze zu einem riesigen Volksfest. Und mein Opa kannte jeden Kunden mit Namen und begrüßte sie wie alte Freunde. Und wenn die Zeit reif war, fragten sie ihn ganz nebenbei nach einem neuen Wagen.

Mein Opa war der Mittelpunkt eines Kreises von Freunden und Vertrauten und verkaufte zufälligerweise noch Autos. Das Wichtigste, was ich von ihm gelernt habe, war:

Sie schaffen es nicht alleine. Sie brauchen ein Netzwerk von Kunden, die Sie als Zentrum sehen, als denjenigen, zu dem alle kommen, wenn sie einen Rat oder Hilfe brauchen – und das in jeder Hinsicht. Pflegen Sie solche Beziehungen.

→ Ent-inseln Sie sich.

→ Nutzen Sie Ihr Talent und Ihre Brillanz im Umgang mit Menschen. Beziehungsintelligenz ist die Fähigkeit, die über Ihren Erfolg und Ihre Lebensqualität entscheidet.

→ Ein guter Beziehungsmanager beantwortet oft Fragen, die seine Kunden noch gar nicht gestellt haben.

Denken Sie immer daran: Sie beraten Ihre Kunden nicht nur, sondern Sie betreuen sie auch psychologisch. Ein großer Teil Ihrer Arbeit sollte darin bestehen, Ihre Kunden kennen zu lernen. Das heißt vor allem, die individuelle Persönlichkeit Ihrer Kunden kennen zu lernen. Dann schaffen Sie es, auf die Stimmung Ihrer Kunden individuell, intelligent und angemessen einzugehen. Wenn Sie herausfinden, wie Ihre Kunden ticken, können Sie ihnen im richtigen Moment die richtigen Fragen stellen, Antworten geben und Lösungen anbieten. Und wenn Sie herausgefunden haben, womit Sie Ihre Kunden begeistern und motivieren können, sollten Sie das auch tun.

Ihre Kunden sollen gerne und hoch motiviert wieder zu Ihnen zurückkommen. Sie sollen sich bei Ihnen aufgehoben fühlen wie bei einem Freund, bei dem sie nicht nur fachlichen Rat bekommen, sondern fachlichen Rat, der genau auf diesen Menschen passt. Jeder Kunde sollte Ihnen so wichtig sein, dass Sie sich die Zeit nehmen, sich in ihn hineinzudenken.

Was sind seine Ängste?

Was begeistert ihn?

Was freut ihn?

Was reut ihn?

Womit in seinem Leben ist er sehr zufrieden?

Auf welche Punkte dürfen Sie ihn nicht ansprechen?

Das Ziel ist es, eine sehr angenehme und vertraute Atmosphäre zu erzeugen, die von echtem Interesse aneinander geprägt ist. Denn eines ist klar:

> ***Selbst ein sehr guter Schauspieler schafft es nicht, einem Menschen auf Dauer Sympathie vorzugaukeln. Seien Sie ehrlich – mit sich selbst und mit Ihren Kunden. Gewinnen Sie Kopf und Herz Ihrer Kunden und potenziellen Kunden.***

Aber eine solche Beziehung muss immer auf Gegenseitigkeit beruhen. Sie kann nicht funktionieren, wenn nur der Kunde Sie interessant und anziehend findet.

Auch Sie müssen Ihren Kunden mögen. Vor allem aber müssen Sie ihn respektieren.

Ich kenne Berater, die sich mit Kollegen vor einem Kundengespräch über den Kunden unterhalten. Oft wird in solchen Gesprächen geprahlt, wie gut der Berater sei und wie dumm der Kunde. Der habe ja noch nicht einmal eine Ahnung von dem Thema xy. Deshalb werde er leicht unterschreiben.

Oder es gibt Firmen, die ihre Mailings vorbereiten und wo dann Sätze zu hören sind wie: „Schreib das simpler. Wenn mein Hund schon verständnisvoll mit dem Schwanz wedelt, hat es die Hälfte der Kunden noch nicht begriffen."

Ich weiß nicht, ob Sie solche oder ähnliche Gespräche schon einmal mit angehört haben. Mir wird ganz anders, wenn ich solche Sätze höre. Hier erheben sich Berater so weit über Menschen, deren Wohl ihnen eigentlich am Herzen liegen müsste, dass von einer gleichberechtigten Beziehung oder überhaupt einer Beziehung gar keine Rede mehr sein kann. Wer mit diesen Gedanken arbeitet, wird niemals dauerhaften Erfolg haben.

Zusammenfassung:

Um Kunden zu gewinnen und zu behalten, sie zu begeistern und zu motivieren, ist eine partnerschaftliche oder gar freundschaftliche Beziehung unbedingt notwendig. Der Kunde ist mit all seinen Stärken und Schwächen einer der wichtigsten Menschen für Sie.

4.2 Werden Sie zum Beziehungsmanager

» *Verkäufer und Vermittler haben ausgedient, intelligente Beziehungsmanager übernehmen das Ruder – und die Kunden. Für Sie eine große Chance: Nutzen Sie Ihr Talent und gewinnen Sie noch mehr loyale Kunden. Es geht ganz einfach.* «

Warum kein Verkäufer?

Ich bin ein Vertriebsmann durch und durch. Aber eines bin ich nicht: Ich bin kein Verkäufer und auch kein Vermittler. Wer heute im Vertrieb erfolgreich ist, arbeitet als Beziehungsmanager, der sich an der Qualität seiner Beziehung zum Kunden messen lässt und der im besten Interesse seiner Kunden denkt und handelt.

Viele Vertriebsleute meinen, es genüge, wenn sie und ihre Ideen in den Köpfen der Kunden bleiben. Das ist nicht mehr zeitgemäß. Heute heißt das Erfolgsrezept: Ihre Person, Ihre angenehme Persönlichkeit und optimistische Ausstrahlung müssen sehr positiv, eindrucksvoll und langfristig in Erinnerung, im Kopf und im Herzen Ihrer Kunden bleiben. Hier gilt das bekannte Motto: Der Kunde kauft keine Produkte, sondern Sie, den Beziehungsmanager!

Der Kunde kauft Sie:

- → Ihre Persönlichkeit
- → Ihre angenehme Ausstrahlung
- → Ihre Begeisterung
- → Ihr Vordenken
- → Ihre guten Ideen
- → Ihre Sicherheit
- → Ihr Selbstvertrauen
- → Positive Erinnerungen an das Gespräch mit Ihnen

Und wenn er Sie nicht kauft, kauft er einen anderen.

Beziehungsmanagement

Außerdem ist der Kunde anspruchsvoller geworden. Er fordert mehr als nur Beratung. Er setzt Ihr Fachwissen voraus und will unterhalten werden. Er sucht die Freude am Kaufen, ein gehöriges Maß an Faszination und „Aha-Effekten". Bieten und liefern Sie ihm das! Er verlangt von Ihnen zudem nahezu 100-prozentige Perfektion, fordert Aufmerksamkeit ebenso ein wie Lob und Anerkennung – und in manchen Situationen vor allem Vertrauen und Sicherheit.

Denn der bei weitem wichtigste Punkt für den Erfolg ist nicht das Produkt, das oft austauschbar ist, sondern die Kundenbeziehung, die Sie aufbauen und pflegen. Was motiviert die Kunden zum Beispiel, Finanzprodukte von unabhängigen Beratern zu kaufen? Sie! Der Kunde kauft Sie. Er kauft Ihre Begeisterung, Ihr Vordenken und die positiven Erinnerungen an das Gespräch mit Ihnen. Der potenzielle Kunde kauft das angenehmste Gespräch mit viel Menschlichkeit, Substanz und Aufmerksamkeit. Und: Der Kunde kauft Ihre Sicherheit. Durch Ihre Sicherheit und Kompetenz erreicht der Kunde seine eigene Sicherheit.

Beziehungsmanagement heißt aber nicht umsonst so: Sie müssen Ihre Beziehungen zu allen Ihren Kunden managen. Analysieren Sie, welchen Stellenwert jede Beziehung für Sie hat. Überlegen Sie, welche Beziehungen Sie verbessern wollen und wie Sie das erreichen. Dabei spielt eine große Rolle, wie gut Sie Ihr Gegenüber bis jetzt kennen gelernt haben. Nutzen Sie die Chancen und vertiefen Sie die Beziehung.

Wie geht das?

Das schaffen Sie nur, wenn Sie die Beziehung zu Ihrem Kunden in den Mittelpunkt Ihrer Arbeit stellen. Rufen Sie ihn regelmäßig an. Denn telefonieren bedeutet, einen wertvollen Menschen mittels Telefon zu „besuchen“. Alle Kunden freuen sich über einen gut durchdachten Besuch. Vor allem, wenn der Kunde erkennt „Ja, da ist Mehrwert für mich!“ Seien Sie ehrlich, objektiv und kreativ! Interessieren Sie sich für jeden einzelnen Kunden. Denn das Schlimmste, was Ihnen als Berater passieren könnte, ist, dass der nächste Beziehungsmanager eine hervorragende Beziehung zu Ihrem Kunden aufbaut. Dann ist es für Sie zu spät.

Wie bleiben Sie beim Kunden sehr positiv in Erinnerung und im Herzen?

Indem Sie ihm Folgendes bieten:

→ Eine neue, gute Erfahrung

→ Eine kreative Idee mit Substanz

→ Eine ungewöhnliche Situation voller Nachdenklichkeit

→ Einen hervorragenden Kundenservice

→ Ungeteilte Aufmerksamkeit

→ Klarheit und Einfachheit

→ Gute Umgangsformen

Beispiel eins: Seit vielen Jahren bin ich jede Woche etwa vier oder fünf Tage unterwegs, zu Kunden oder Seminaren. Immer wieder gerne besuche ich einen Berater in München. Der Grund: Als ich zum ersten Mal zu ihm kam – und seither bei allen weiteren Besuchen -, fand ich vor dem Haus einen Parkplatz vor, der mit einem in wunderbarer Schrift von seiner Sekretärin geschriebenen Zettel für mich reserviert war. Da stand ganz groß: „Reserviert für Stuart Truppner, Fidelity Investments". Wow: ein Parkplatz, mitten in der Münchner Innenstadt! Das ist eine Kleinigkeit, aber sie bleibt als nette Geste in Erinnerung.

Beispiel zwei: „Richard's Restaurant" in New York. Es ist das Restaurant meines Vaters, aber meine Mutter führt Regie. Sie hat immer wieder Ideen, die meinem Vater oft zu merkwürdig vorkommen. Aber sie setzt sich durch. Eine Idee war der „Rabatt für Kahlköpfige". Jeder Kunde mit Halbglatze erhielt dienstags, mittwochs und donnerstags 30 Prozent Rabatt auf jedes Gericht und jedes Getränk. Jeder Kunde mit Vollglatze erhielt freitags und samstags 50 Prozent Rabatt auf jedes Gericht und jedes Getränk. Komische Idee? Mag sein, aber das Lokal war im Gespräch – und in der Regel brechend voll.

Zusammenfassung:

Wer nur ein Produkt verkaufen will, fällt beim Kunden schnell durch. Der Kunde fordert mehr: Werden Sie zum Ansprechpartner für Ihre Kunden weit über Ihr Fachgebiet hinaus. Arbeiten Sie an Ihren Kundenbeziehungen, sehen Sie sich als Beziehungsmanager. Und suchen Sie sich Anknüpfungspunkte, mit denen Sie beim Kunden sehr positiv im Kopf und im Herzen in Erinnerung bleiben.

4.3 Sie tragen Verantwortung für jede Ihrer Beziehungen

» *Die Beziehung zu den Kunden ist das Entscheidende für Ihren dauerhaften Erfolg. Diese Beziehungen gilt es zu pflegen und stetig auszubauen. Die Pflege dieser Beziehungen ist eine Managementaufgabe. Und nicht nur das: Sie ist unbedingt Chefsache.* «

Natürlich sind Sie in erster Linie Berater. Sie sind Ansprechpartner für Ihre Kunden in allen Fachfragen. Aber es gilt der alte Spruch: Der Kunde kauft nicht ein Produkt, nur manchmal eine Lösung, aber immer kauft er Sie. Und nur Sie.

Seien Sie nicht nur Berater, sondern Manager. Beziehungsmanager soll Ihre erste und wichtigste Berufsbezeichnung sein. Sie sind aber noch viel mehr:

- ***Kundenmanager***
- ***Visionsmanager***
- ***Konzeptmanager***
- ***Geld-/Finanzmanager***
- ***Risikomanager***
- ***Vertrauensmanager***
- ***Informationsmanager***
- ***Wissensmanager***

Alle diese Berufsbezeichnungen passen auf Ihr Revers.
Und in allen diesen Kategorien werden Sie beim Kunden punkten.
Heften Sie sich alle Berufsbezeichnungen an.

Ihre Kunden zu managen ist für Sie alltäglich. Sie pflegen die Adressen, informieren sich über Ihre Vorlieben, tragen die Geburtstage, Jubiläen,

Hochzeitstage und ähnlich Wichtiges zusammen. Sie bauen eine Kundendatenbank auf, in der alle verfügbaren Informationen zu Ihren Kunden gebündelt sind und auf die Sie ständig zugreifen können.

Das machen alle. Sie müssen darüber hinausgehen. Nehmen Sie sich die Zeit, denken Sie nach, wie Sie Ihren Kunden mehr bieten können als der Berater nebenan. Nutzen Sie dazu meine Erfolgsstrategien.

Wenn Sie noch mehr loyale Kunden gewinnen wollen, brauchen Sie Visionen. Sie müssen wissen, wie Ihre Welt in fünf, zehn, 20 oder 30 Jahren aussehen soll. Und Sie müssen die Kunden dahin mitnehmen. Arbeiten Sie mit Bildern. Lassen Sie im Gespräch Bilder entstehen. Nehmen Sie Bilder auf, die der Kunde im Kopf hat. Oft sind es die gleichen.

Erstes Beispiel: Ein Kunde will Geld für sein Alter ansparen. Was ist das, sein Alter? Das Alter ist ein offener Begriff. Füllen Sie ihn mit Leben. Lassen Sie Bilder beim Kunden entstehen, wenn Sie über das Alter reden. Setzen Sie ihn auf einen belebten Platz einer schönen Stadt, in sein Haus ohne Treppen und mit Garten in einem Vorort. Lassen Sie ihn den Sonnenuntergang in seinem kleinen Ferienhaus auf einer Mittelmeerinsel genießen oder den Sportwagen fahren, von dem er schon seit seiner Kindheit träumt. Es liegt an Ihnen, solche Bilder entstehen zu lassen.

Zweites Beispiel: Der Kunde will seinen Kindern ein besseres Leben ermöglichen. Wieder eine Leinwand, auf die Sie Bilder projizieren können. Der Sohn oder die Tochter mit dem Abschluss einer Eliteuniversität in der Hand, mit Familie, fröhlich spielende Enkel, der Kunde inmitten einer glücklichen Großfamilie. Von einer Ausbildungsversicherung redet hier niemand. Vielleicht aber darüber, wie viel so etwas kostet. Von Freund zu Freund, denn auch Sie haben ja die gleichen Ziele, oder?

Visualisieren Sie Wünsche und Träume Ihrer Kunden. Schreiben Sie sie auf. Damit gewinnen die Träume Gestalt, werden greifbarer und vermitteln den Kunden Sicherheit.

Was Sie da aufschreiben, kann ein Konzept für ein Stück Leben Ihres Kunden sein. Die Bilder, die Sie in ihm hervorgerufen haben, sind unabhängig von den Produkten, die Sie verkaufen. Sie sind Ratgeber und Freund, der auf einem bestimmten Gebiet darüber hinaus über eine große Fachkenntnis verfügt. Managen Sie dieses Konzept für und mit Ihren Kunden. Erweitern Sie es, passen Sie es an, es bietet immer wieder Anregungen für Gespräche.

In Deutschland wird anders als in meiner Heimat USA, wo man fast nur über Sport spricht, gerne über Geld gesprochen. Und trotzdem ist das Einkommen oder das Vermögen in absoluten Zahlen immer noch eines der bestgehüteten Geheimnisse selbst unter Freunden. Wenn Sie es zum Geld- und Finanzmanager Ihres Kunden gebracht haben, muss er Ihnen sehr vertrauen. Enttäuschen Sie ihn nicht.

Die oberste Regel des Kundenmanagements lautet:
Tun Sie das Richtige und Wichtige für Ihren Kunden.

Denn auch das sollen Sie sein: der Risikomanager Ihres Kunden. Wenn Sie ins Geschäft kommen, kauft der Kunde Sie. Und das heißt, er kauft auch Ihre Sicherheit. Ihre klare Meinung zu den Veränderungen in der Welt und in seinem Leben und die beste Antwort darauf. Das will er. Und das sollten Sie ihm bieten.

Vertrauen ist ein großes Wort. Vertrauen aufzubauen ist schwierig, es zu zerstören leicht. Deshalb: Gehen Sie sorgfältig damit um. Aber setzen Sie sich auch das Ziel, das Vertrauen Ihrer Kunden zu managen. Sie wollen Vertrauen, sie bekommen es. Jetzt ist es wichtig, dass Sie diese Vertrauensbasis ausbauen und zementieren. Denn ganz ungeachtet der Abschlüsse, die Sie mit den Kunden erzielen wollen, brauchen Sie dieses Vertrauen in Ihre Arbeit, damit auch Sie Sicherheit gewinnen.

Wenn Menschen anderen Menschen vertrauen, stützen sie sich gegenseitig und geben einander Sicherheit. Gegenseitiges Vertrauen ist eine klassische Win-Win-Situation.

Denken Sie an sich selbst: Es ist ein gutes Gefühl, dass Ihnen ein Kunde sein Geld und damit einen Gutteil seines Wohlergehens anvertraut. Sie fühlen sich geschmeichelt und gestärkt und gewinnen daraus Sicherheit. Dem Kunden geht es genauso.

Zwei weitere Berufe haben Sie noch: Informationsmanager und Wissensmanager. Informationen zu managen ist Ihr Geschäft. Jeden Tag entscheiden Sie, was in der Flut von Informationen wichtig und was unwichtig ist. Lassen Sie Ihre Kunden teilhaben. Sagen Sie ihnen regelmäßig, was in Ihrem Bereich wichtig ist. Und was interessant ist. Was in Gesprächen gut eingesetzt werden kann. Die „Bild-Zeitung" liefert wie viele andere auch solche Gesprächsthemen und wird deshalb millionenfach gekauft. Das können Sie auch.

Wissen zu managen ist eine Aufgabe, der Sie sich immer wieder stellen müssen. Da Ihr eigenes Wissen veraltet, müssen Sie es immer wieder auffrischen. Das Gleiche gilt für das Wissen Ihrer Kunden. Lernen Sie doch einmal gemeinsam: Veranstalten Sie ein Seminar zu einem oder zwei interessanten Themen, laden Sie Ihre Kunden dazu ein, und Sie werden überrascht sein, wie viele gerne kommen.

> ***Um uns zu verbessern, müssen wir immer weiter lernen. Das wissen auch Ihre Kunden. Lernen Sie gemeinsam.***
>
> ***Aber vergessen Sie nicht: Als Berater müssen Sie immer einen Schritt voraus sein, nur dann bleiben Sie für den Kunden interessant.***
>
> ***Als Manager für Ihre Kunden haben Sie viele Aufgaben. Aber alle dienen dazu, die Beziehung zu Ihren Kunden so stabil und positiv wie möglich zu gestalten.***

Mit der besten Verpackung wird nicht nur die Ware, sondern auch der Kunde eingewickelt.

Zusammenfassung:

Sie alleine sind für den Bestand und die Qualität Ihrer Kundenbeziehung verantwortlich. Sehen Sie den Umgang mit dem Kunden als Managementaufgabe und Chefsache. Ihre Kunden erwarten viel von Ihnen. Bieten Sie ihnen mehr. Managen Sie sie in vielen Lebensbereichen und schaffen Sie so das Vertrauen für die beste Zusammenarbeit.

4.4 Das nächste Kundengespräch hat vor zwei Jahren begonnen

» *Wir alle sollten an uns arbeiten und uns verändern. Die Veränderung braucht Zeit. Ihr heutiges Auftreten ist von den Dingen geprägt, die Sie vor zwei Jahren gesehen, gehört, gelernt und aufgenommen haben. Denken Sie einmal zurück.* «

Wie war der Mensch, der Ihnen heute aus dem Spiegel entgegenschaut, vor zwei Jahren? Mochten Sie ihn?

Was hat ihn damals ausgezeichnet?

Was haben Sie an ihm nicht gemocht?

Hat er sich verändert?

Welche seiner Eigenschaften mögen Sie noch heute?

Stellen Sie sich ruhig einmal diese Fragen. Die Antworten helfen Ihnen dabei, sich selbst und Ihre Wirkung auf Ihre Kunden besser einzuschätzen.

Denn vielen verschiedenen Studien zufolge sind Sie von Ihren Erfahrungen der vergangenen zwei Jahre am stärksten geprägt. Natürlich können Sie weiter zurückgehen, und der Ursprung vieler Ihrer guten und schlechten Eigenschaften liegt mit Sicherheit in Ihrer Kindheit. Aber die Art, wie Sie auf Menschen zugehen, und damit auch die Art, wie Sie auf Menschen wirken, sind vor allem in Ihren Erfahrungen der vergangenen beiden Jahre begründet.

Was heißt das für Sie? Das heißt zum einen, dass Sie sich einmal genau anschauen sollten, welche Erfahrungen positiv wie negativ Sie in dieser Zeit gemacht haben. Was hat Sie beeindruckt, was bewegt? Gibt es Dinge, die Sie in die eine oder andere Richtung verändert haben? Lernen Sie sich selbst so gut wie möglich kennen.

> ***Das heißt aber auch, dass wir es in der Hand haben, wie wir wirken. Wir können die kommenden beiden Jahre bestimmen. Wir können bestimmen, in welche Richtung wir uns positiv verändern wollen.***

Immer wieder fragen mich die Menschen in meinen Seminaren, wie das denn ginge, ob es ein Patentrezept gäbe. Ja und nein, kann ich darauf nur immer antworten. Zwar gibt es Hilfsmittel, die Arbeit aber müssen Sie selbst machen. Ich kann sie Ihnen nur erleichtern, zum Beispiel mit meinem Mentalen 4-Punkte-System:

Der erste Schritt: Konzentrieren Sie sich auf das Wesentliche. Aber was ist das Wesentliche? Viele Statistiken zeigen: Nur etwa 15 Prozent der Menschen kennen das Wesentliche für sich. Hier müssen Sie ansetzen.

Aber wie?* Mit meinem Mentalen 4-Punkte-System analysieren Sie die drei oder vier wichtigsten Faktoren Ihres Tages. Ziel ist, Ihr Heute und Morgen zu optimieren. Dieses Vorgehen ist täglich notwendig für Ihren dauerhaften Lebenserfolg. Gehen Sie so vor:

Schaffen Sie sich einen Freiraum in Ihrem Alltag, um Ihren Tagesablauf zu analysieren und zu bewerten. Schreiben Sie die drei oder vier wichtigsten Geschäftsfaktoren Ihres Tages auf.

Und dann fragen Sie sich: Was muss ich bei meinen Geschäftspunkten verbessern, und wie werde ich diese verbessern, um mehr Lebensqualität zu erleben?

Wenn Sie dieses extrem einfache, aber wirkungsvolle System kontinuierlich und regelmäßig umsetzen, werden Sie sich ständig verbessern.

---

* Siehe gesonderte Beilage »Das Truppner-Training«

Ich rede hier nicht von Menschen, die von schweren Schicksalsschlägen getroffen werden und danach völlig verändert sind. Es sind die kleinen Dinge wie die Zeitung, die wir lesen, oder das Fernsehprogramm, das wir schauen. Es sind die Leute, mit denen wir uns umgeben, oder die Firma, für die wir arbeiten.

Vor allem der letzte Punkt ist immer wieder das Thema von Nachfragen in meinen Seminaren. Natürlich prägt eine Firma ihre Mitarbeiter. Es gibt eine Unternehmenskultur, es gibt eine bestimmte Form der Ethik, des Miteinanders. Und es gibt natürlich eine ganze Reihe von Regeln. Aber lassen Sie sich davon nicht blenden: Entscheidend ist immer, wie wir damit umgehen. Und noch viel entscheidender sind die Menschen, denen wir begegnen.

Ich bin seit vielen Jahren bei Fidelity, und ich kann sagen, dass ein Gutteil von mir durch diese Arbeit geprägt ist. Eine solche Firma bietet die Möglichkeiten, ganz hervorragende Menschen kennen zu lernen und mit Ihnen zu arbeiten. Diese haben mich geprägt und prägen mich immer noch.

Es ist sehr gut, wenn eine Firma mit ihrer Ausstrahlung Menschen anzieht, die gerne zusammenarbeiten. Damit entsteht der Idealfall einer Identifikation mit dem Unternehmen – nicht auf der Basis von Regeln oder Strukturen, sondern durch einen Gleichklang in der Geschäftsphilosophie und -ethik. Und nicht zu vergessen: gleicher oder zumindest ähnlicher Ziele.

Aber letztlich ist ein Unternehmen ja nicht schon immer da gewesen. Es ist von einem oder mehreren Menschen gegründet worden, ist dann gewachsen und hat in dieser Zeit eine Kultur entwickelt, die auf die ursprünglichen Mitarbeiter zurückgeht. Schauen Sie sich zum Beispiel Google an. Noch immer läuft das Unternehmen auf der Basis des Gründermythos. Die beiden Gründer und ihre Art zu leben, zu denken und zu arbeiten sind für fast alle bei Google Vorbild. Das gilt, obwohl alle wissen, dass mittlerweile auch Google in der Normalität des Geschäftslebens angekommen ist – mit mehr Hierarchie, mehr Regeln und mehr Politik. Die Gründer sind noch immer die Väter des Erfolges, und sie stehen für die Unternehmenskultur.

Oder schauen Sie sich in Deutschland die Brüder Albrecht an. ALDI heißt ihr Unternehmen, macht riesige Umsätze und ist einfach jedem ein Begriff. Auch wenn sie nach außen nicht auftreten, prägt der Geist der Gründer immer noch das Unternehmen.

Jeder von Ihnen kann bestimmen, welcher Geist in seinem Unternehmen herrscht.

Und wenn es nicht Ihr Unternehmen ist? Dann haben Sie es trotzdem in der Hand, mit Ihrem Auftreten und Verhalten die Leitlinien des unternehmerischen Handelns zu beeinflussen. Oder Sie können das Unternehmen wechseln.

Aber zurück zum Kundengespräch. Was erwartet der Kunde von einem Gespräch mit Ihnen? Zunächst einmal, dass Sie sich ganz und gar auf seine Wünsche einlassen. Dass Sie sein Umfeld kennen und ihm deshalb nahe kommen können. Dass er Freude am Gespräch hat und als gleichwertiger Partner behandelt wird. Das Gespräch muss ihm gut tun. Das Gespräch soll wie ein Wellness-Termin für Ihren Kunden sein.

Wie Sie das alles erreichen, habe ich für Sie in den nächsten Kapiteln aufgeschrieben. Einen Punkt aber will ich hier noch anfügen:

Der Kunde reagiert auf Sie. Er reagiert auf Ihr Äußeres, auf Ihr Auftreten, Ihre Umgangsformen und auf Ihre Sachkenntnis. Alle diese Punkte sind von Ihnen nicht von heute auf morgen zu ändern. Deshalb: Wenn Sie als jemand, der sich gut kennt oder nach Lektüre dieses Buches kennen lernt, bei sich Nachholbedarf in einem oder mehreren dieser Punkte feststellen, dann beginnen Sie bitte sofort mit Ihrem Veränderungsmanagement.

Zusammenfassung:

Was Sie heute sind, liegt in der Vergangenheit begründet. Aber was Sie morgen sein werden, das haben Sie – und nur Sie alleine – in der Hand. Legen Sie mit bewussten Entscheidungen heute den Grundstein für Ihren dauerhaften Lebenserfolg.

4.5 Wie Sie Kunden gewinnen

Neukundengewinnung ist eine der größten Herausforderungen für alle Berater. Mit einigen Tipps von mir können Sie diese Herausforderung meistern und für Ihren eigenen Erfolg nutzen. Gute neue Ideen und natürlich Ihre Selbstkenntnis sind der Schlüssel.
Sie wollen Menschen gewinnen, keine Kunden.

Das sollten Sie als obersten Merksatz speichern. Vielleicht wollen Sie sogar Freunde gewinnen, in jedem Fall aber Partner, die zu Ihnen passen, die Ihnen vertrauen und denen Sie vertrauen können.

Deshalb fängt die Kundensuche schon bei der Auswahl Ihrer Zielgruppe an. „Jeder Mensch, der atmet", antworte ich gerne auf die Frage, wer dieses Buch lesen sollte. Das glaube ich wirklich, denn jeder Mensch hat Anspruch darauf, sich verbessern zu können.

Zur Neukundengewinnung bietet es sich an, die Zielgruppe überschaubarer zu wählen. Gehen Sie von sich aus. Sie sind der Schlüssel zu Ihrem Erfolg, also sehen Sie sich auch als den Mittelpunkt. Bescheidenheit wäre in diesem Punkt unangebracht.

Egal wie Sie in die Kundengewinnung einsteigen, über die ja in vielen, vielen Fachbüchern sehr viel geschrieben wurde, sollten Sie einen Punkt immer beachten:

Sie bewerben sich bei Ihren potenziellen Kunden.

Jedes Anschreiben, jedes zwanglose Kennenlernen auf einer Veranstaltung ist eine Bewerbung. Wann haben Sie sich zum letzten Mal beworben? Wie viel Arbeit haben Sie in Ihre Bewerbung gesteckt, damit alles so gut wie möglich aussah? Ich schätze, viel. Es sei denn, Sie gehören zu den wenigen Menschen auf dieser Erde, die sich noch nie irgendwo beworben haben, die immer gerufen werden und zu denen auch die Kunden in Scharen kommen. Sollte also an jedem Montagmorgen bei Ihnen eine Schlange von Kunden vor der Tür stehen und um Einlass bitten, lesen Sie nicht weiter. Oder nur zum Spaß. Sollte das nicht der Fall sein, habe ich einige Anregungen für Sie.

Vor allem: Nehmen Sie Ihre potenziellen Kunden sehr ernst. Denn sie achten auf Qualität und wenden sich von Menschen mit erkennbar falschen, vollmundigen oder übertriebenen Versprechungen sofort ab. Das gilt unabhängig von Alter, Beruf, Einkommen oder Geschlecht. Und auch unabhängig von dem Produkt, das Sie zu verkaufen haben. Wenn Sie glauben, ein wirklich einmaliges Angebot machen zu können, weil es dieses Produkt noch nie gegeben hat und niemand anderes es anbieten kann, dann haben Sie gute Karten. Wenn aber Ihr Produkt in einer Reihe mit anderen, in etwa gleich guten Produkten steht, seien Sie zurückhaltend.

Es lohnt sich nicht, wegen eines Produktes die Beziehung zum Kunden zu ruinieren – und das, noch bevor Sie sie aufgebaut haben.

Denn nicht die Produktdetails interessieren den Kunden. Sie will er kennen lernen, über Sie will er etwas wissen, Sie sollen ihm gefallen. Dann kauft er auch Ihre Produkte.

Jetzt können Sie hingehen und ein Anschreiben nur über sich verfassen. Würde das den Kunden wirklich interessieren? Vielleicht, aber er würde sich bestimmt fragen: Was habe ich davon? Diese Frage stellt er übrigens immer. Wenn Sie eine gute Antwort haben, haben Sie auch den Kunden.

Anschreiben, Veranstaltungen, Empfehlungen, Mund-zu-Mund-Propaganda: Es gibt viele gute Möglichkeiten, an neue Kunden zu kommen. Wenn Sie also aus potenziellen Kunden schon Interessenten gemacht haben, müssen Sie sie nur noch zu Kunden machen.

Sie müssen das Herz und den Verstand Ihrer Kunden positiv gewinnen. Und Sie müssen sich dort dauerhaft festsetzen. Nutzen Sie das Truppner-ABS: Seien Sie Anders, Besser und Schneller als andere.

Dabei hilft die Pluspunktliste im Truppner-Training.*

Schreiben Sie sich auf, was Sie für den Kunden schon alles Gutes getan haben, bevor er Ihr Büro zum ersten Gespräch betreten hat. Sie haben ihn interessiert durch ein Anschreiben, ihm vielleicht auf einer Veranstaltung einen guten Tipp für seine Anlageplanung gegeben, ihn auf eine Neuigkeit hingewiesen. Sie haben in jedem Fall einen Anknüpfungspunkt.

Und Sie haben einen Gesprächstermin mit ihm vereinbart. Das ist das Wichtigste.

Senden Sie ihm einen inspirierenden Erinnerungsbrief vier Tage vor dem Termin. Zitate von Schiller oder Goethe eignen sich hervorragend für solche Erinnerungen. Liefern Sie ihm eine verständliche und klare Wegbeschreibung. Vergessen Sie nicht die Ortsteilangabe für das Navigationssystem. Reservieren Sie dem Kunden am Tag des Termins einen Kundenparkplatz mit Namensschild.

Der Kunde ist für die Aufmerksamkeit dankbar und weiß dadurch, dass Sie ihn ernst nehmen.

Wichtig: Pluspunktlisten können Sie für jeden Kunden einmal vor einem Gespräch anlegen. Aber Sie sollten eine generelle Pluspunktliste erstellen, in der alle Ihre guten Ideen aufgezeichnet sind, mit denen Sie Ihre Kunden für sich einnehmen.

Überarbeiten und optimieren Sie Ihre Pluspunktliste jeden Monat. So steigern Sie in kurzer Zeit Ihre Qualität und machen aus wesentlich mehr Interessenten auch Kunden.

---

* Siehe gesonderte Beilage »Das Truppner-Training«

Pluspunkte alleine helfen noch nicht? Dann machen Sie überraschende Angebote.

Ich habe das Beispiel eines Fahrradgeschäfts noch vor Augen: Ein potenzieller Kunde will ein neues Mountainbike für etwa 1.000 Euro kaufen. Er ist unschlüssig. Der Verkäufer bietet ihm eine kostenlose Probefahrt von etwa vier bis fünf Stunden an, in denen er das Rad testen kann. Er nimmt an. Er kommt zurück und sagt, dass ihm das Rad gefalle. Der Verkäufer verweist darauf, dass alle Kunden des Hauses an den wöchentlichen Touren teilnehmen könnten. Hier würden Profis ins Mountainbiking einführen und Tipps geben. Zudem bietet der Verkäufer für das erste Jahr die kostenlose Wartung des Rades an, unabhängig von Nutzung und Kilometerleistung. Und er stellt bei Vertragsabschluss einen Gutschein für ein Restaurant in Aussicht, das mit dem Fahrrad erreicht werden kann. Meinen Sie, dass der Kunde noch „Nein“ sagt?

Noch ein Wort zur Kundengewinnung: Viele Berater beklagen, dass in ihrer Gegend so wenige potenzielle Kunden sitzen. Dazu sage ich sehr oft: Die potenziellen Kunden sind immer da, wo sie hingehören. Wenn Sie sich konzentrieren und gute Ideen haben, ist es relativ einfach, sie zu finden. Gott sei Dank schaffen etwa 90 Prozent der Verkäufer es nicht, die Kunden zu finden und zu gewinnen. Das ist Ihre Chance.

Was brauchen Sie dazu außer den oben genannten Tipps?

→ Gewinnen Sie vollständige Selbstkenntnis.

→ Konzentrieren Sie sich auf das Wesentliche, auf jeden einzelnen Kunden und seine Bedürfnisse.

→ Konzentrieren Sie sich auf das produktive Gespräch.

→ Stellen Sie die richtigen Fragen, hören Sie bestens zu, notieren Sie die wichtigen Punkte und zeigen Sie eine sehr positive Einstellung.

→ Sie gewinnen durch Überzeugung, Motivation und Begeisterung.

→ Arbeiten Sie unbedingt als Kunden- und Beziehungsmanager und nicht als Verkäufer oder Vermittler.

→ Seien Sie anders und bieten Sie die richtigen Lösungen an.

→ Liefern Sie Exzellenz in allem, was Sie tun und sagen.

→ Übernehmen Sie die volle Verantwortung.

→ Beweisen Sie absolute Zuverlässigkeit und Beständigkeit.

→ Neukundengewinnung liegt nicht bei Ihren Produktpartnern, sondern bei Ihnen alleine.

Zusammenfassung:

Jedes Neukundengespräch ist eine Bewerbung. Ziel der Bewerbung ist: den potenziellen Kunden zu gewinnen und zu binden. Ihre Kunden zu motivieren und zu überzeugen. Und Mehrwert zu schaffen für Ihre Kunden. Vergessen Sie nie: Sie arbeiten als Kunden- und Beziehungsmanager. Das gegenseitige Vertrauen ist die Basis Ihres Geschäfts. Nutzen Sie das Truppner-Training zur Kundengewinnung.

4.6 Wie Sie Kunden von Bestandskunden gewinnen

Nutzen Sie das Potenzial Ihrer Bestandskunden. Machen Sie Ihre Kunden zu Ihrem besten Vertriebsteam zur Neukundengewinnung. Nichts ist wirkungsvoller als eine Empfehlung – sie stärkt zudem die Beziehung zu Ihren Kunden.

Wussten Sie, dass in meiner Heimat USA ein guter Berater daran gemessen wird, wie viele Neukunden er über seine Bestandskunden gewinnt? Verkäufe, Provisionen, Bestand: Alles schön und gut, aber neue Kunden sind die Währung, in der der Erfolg wirklich gemessen wird. Und Sie als hervorragender Beziehungsmanager haben alle Möglichkeiten, dass Ihre Bestandskunden Sie weiterempfehlen werden. Nutzen Sie alle Möglichkeiten und Ihre vielen Vorteile.

Ein hervorragender Kundenmanager in den USA schließt im Schnitt pro Jahr über seine Bestandskunden mindestens zwei Verträge pro Bestandskunde mit Neukunden ab. Jedes Jahr – Sie können sich ausrechnen, wie viele neue Geschäftsverbindungen dabei auf lange Sicht zusammenkommen. Das gilt aber auch andersherum: Wie viel Geschäft entgeht Ihnen, weil Sie Ihre Kunden nicht auf neue Kontakte ansprechen?

Das Wichtigste ist die Mund-zu-Mund-Propaganda. Ihre Bestandskunden sind zufrieden mit Ihnen und empfehlen Sie weiter, der potenzielle Kunde meldet sich bei Ihnen. Das ist der einfachste Weg. Sie sollen Ihre Bestandskunden aber auch auf potenzielles Neugeschäft ansprechen.

Entweder ist der Kunde aktiv, der Berater ist aktiv oder – und das ist das Beste – Kunde und Berater sind aktiv.

So arbeiten Sie partnerschaftlich im Neukundengeschäft zusammen. Erstellen Sie hierfür Ihren persönlichen Plan. Schreiben Sie auf einem

DIN-A4-Blatt die sechs wichtigsten Schritte zur Neukundengewinnung durch Bestandskunden auf.

Organisieren Sie Veranstaltungen, die anders sind: zum Beispiel einen Abend, an dem 50 Prozent der Zeit Finanzthemen diskutiert werden – und 50 Prozent ein Thema des Tages wie Ernährungsberatung oder Fitnesstraining. Gemäß dem Leitsatz: „Tu mal etwas anderes."

Viele Ihrer Kunden haben noch gar nicht daran gedacht, dass sie Sie weiterempfehlen könnten. Nach dem ersten oder zweiten Gespräch sollten sie aber bereits wissen: „Stuart Truppner lebt vom Empfehlungsgeschäft und erwartet weitere Empfehlungen von mir." Also: Fragen Sie Ihre Kunden, ob sie mit Ihnen zufrieden sind. Wenn die Antwort lautet: „Ja, ich bin rundum mit Ihrer Arbeit und mit Ihrem Service zufrieden", sollten Sie weiterfragen: „Wem werden Sie mich in Ihrem Bekannten- und Freundeskreis weiterempfehlen?" Wichtig dabei ist, dass Sie solche Kundengespräche nur von Angesicht zu Angesicht führen, nie per Telefon, Fax oder E-Mail.

Stellen Sie Ihrem Kunden die Empfehlungsfrage zweimal direkt und zweimal indirekt. Direkt heißt, Sie sprechen Ihren Kunden ganz gezielt auf eine Empfehlung an. Das erste Mal etwa nach 80 Prozent des Gesprächs, das zweite Mal kurz vor der Verabschiedung. Indirekt können Sie das Thema beispielsweise wie folgt ins Gespräch einfließen lassen: „Wir sehen uns Ihr Problem genau an. Viele meiner Kunden sind mit meinen Lösungen sehr zufrieden und empfehlen mich in diesen Fragen sehr gerne weiter." Diese indirekten Hinweise sollten Sie in der Mitte des Gesprächs nutzen.

Denken Sie auch an die Möglichkeit von Werbegeschenken als Anreiz für „Kunden werben Kunden"-Aktionen. Das können Gutscheine für ein gutes Restaurant sein, Konzert-, Theater- oder Musicalkarten oder ein Abo für eine Zeitschrift nach Wunsch des Kunden.

Wählen Sie ein Magazin, das den Interessen Ihrer Kunden entspricht. Dafür kommen sicherlich Koch-, Weinkunde-, Sport-, Gesundheits-

oder Dekorationsmagazine infrage. Sie können so zeigen, dass Sie die Bedürfnisse und Vorlieben Ihrer Kunden kennen und sie ernst nehmen.

Eine sehr schöne Möglichkeit, mehr Kunden über Bestandskunden zu gewinnen, ist mein Prinzip: „Sichern Sie Ihre ganze Stadt ab."

Sicherlich werden Sie sich jetzt fragen, wie das denn gehen soll. Ganz einfach: Sie haben einen Metzger, einen Bäcker, einen Arzt, einen Friseur, einen Optiker, einen Videothekenbetreiber unter Ihren Kunden? Warum nur einen und nicht alle? Fragen Sie Ihren Kunden, welche besonderen Anforderungen er an Ihr Produkt hat. Nehmen wir als Beispiel eine Versicherung.

Bieten Sie auf Basis seiner Daten und seiner Angaben eine maßgeschneiderte Versicherung für diese Berufsgruppe an. Oder ein Paket mit einer Geldanlage oder was auch immer. Holen Sie Ihren Bäckermeister mit ins Boot. Er wird Ihr Angebot in der Branche streuen. Zum einen aus Stolz, weil er an der Produktentwicklung mitgewirkt hat, und zum anderen vielleicht, weil Sie seine Hilfe honorieren. Denken Sie dabei wieder an Einladungen, an Veranstaltungen, an Reisen. Unter Umständen auch an besondere Konditionen.

Der Aufwand für Sie ist gering: Sie recherchieren die wichtigsten Konditionen, suchen die besten heraus, verhandeln über Extras. Dann fassen Sie alle wichtigen Daten und Bedingungen kurz auf einem farbigen DIN-A4-Blatt oder in einer Broschüre zusammen.

Nehmen wir den Bäckermeister. Er braucht zum Beispiel einen erweiterten Versicherungsschutz:
- Bei Rohrbruch an Wasserleitungen
- Bei vorübergehender Betriebsschließung wegen eines Feuerschadens
- Bei Verlust von Bargeld, Vorräten und Inventar durch Einbruch und Raub
- Bei Sachschäden an angemieteten Räumen

Kombinieren Sie Ihr Versicherungsangebot mit einer Betriebsunterbrechungsversicherung und einer Berufsunfähigkeitsversicherung.

Wenn Sie es jetzt noch schaffen, dass Ihr Versicherungsangebot 30 bis 50 Prozent preiswerter ist als die zusammengesetzten Einzelpolicen der Wettbewerber, haben Sie gewonnen.

Das ist nur eine von vielen Ideen, wie Sie Ihre Stadt sichern können.

Jetzt aber noch eine ganz praktische Frage: Mit meinen Tipps und Ihren guten Ideen können Sie viele neue Kunden gewinnen. Wissen Sie eigentlich, wie viele Sie im vergangenen Jahr gewonnen haben? Wie messen Sie Ihren Erfolg und Misserfolg, und tun Sie das regelmäßig? Wie messen Sie Ihren Erfolg bei der Gewinnung von Neukunden? Wie legen Sie Ihr Jahresziel in der Neukundengewinnung fest? Wie viele neue Kunden möchten Sie in diesem Jahr gewinnen? Wie viele neue Kunden möchten Sie pro Quartal gewinnen?

Setzen Sie sich klare und konkrete Ziele. Überprüfen und kontrollieren Sie sich selbst und Ihre Ziele regelmäßig.

Und noch ein kleiner Tipp: Ist Ihre Kundendatenbank mit Ihrem Tageskalender verknüpft? Wenn ja, wie intelligent? Hier ein einfaches Beispiel: Die Geburtstage Ihrer Kunden und potenziellen Kunden müssen in Ihrer Datenbank gespeichert sein. Lassen Sie sich per Computer eine Woche im Voraus an diese Geburtstage erinnern. Und dann schicken Sie ein schönes Schreiben, ohne Verkaufsabsicht, nur zur Gratulation.

Das wirkt.

Zusammenfassung:

Ihre Bestandskunden sind Ihr bestes Vertriebsteam. Gehen Sie das Thema Empfehlungen aktiv an. Sprechen Sie Ihre Kunden in jedem Gespräch sowohl direkt als auch indirekt darauf an. So schulen Sie Ihre Kunden in Ihrem Sinne. Und vergessen Sie nicht: Auch sehr gute Kunden freuen sich über eine Belohnung für Empfehlungen.

4.7 Wie Sie die Kundenbeziehung ausbauen

» *Machen Sie Ihre Bestandskunden noch glücklicher. Je loyaler Ihre Kunden sind, je besser die Beziehung zu Ihnen ist, desto besser können Sie Ihr Geschäft entwickeln. Einige einfache Tipps helfen dabei.* «

Wahrscheinlich haben Sie Ihre Kunden in A-, B- und C-Kunden aufgeteilt. Ihr A-Kunden-Segment ist das absolut Wichtigste für Ihr Geschäft und für Ihren Erfolg. Wie gut kennen Sie Ihre A-Kunden? Welche Hobbys haben Ihre A-Kunden? Beschäftigen Sie sich einmal eine Weile damit, legen Sie vielleicht eine zusätzliche Spalte in Ihrer Kundenkartei an und nutzen Sie dieses Wissen.

Die Menschen lesen wieder gerne. Schenken Sie doch Ihren A-Kunden einen Gutschein, mit dem sie sich im Buchgeschäft vor Ort ein Buch aussuchen können, wann immer sie wollen.

Was Sie davon haben? Zwei Dinge: erstens einen noch glücklicheren A-Kunden, der Ihnen dankbar ist, sich ein wenig verpflichtet fühlt, der die Beziehung zu Ihnen immer mehr als Freundschaft auffasst.

Und zweitens die Möglichkeit, dass der Buchhändler vor Ort, dem Sie ja Geschäft besorgen, das auch einmal für Sie tut. Fragen Sie ihn. Vielleicht kann er Sie seinen Kunden empfehlen oder lässt im Gespräch über Finanzbücher einmal Ihren Namen fallen. Oder er organisiert eine Veranstaltung mit Ihnen zusammen. Jeder lädt seine A-Kunden ein, und es kommt zu einem schönen Austausch. Vielleicht werden aus den Kunden des einen ja auch Kunden des anderen.

Das funktioniert natürlich auch mit ganz vielen anderen Branchen; Ihrer Kreativität sind keine Grenzen gesetzt.

Solche Schnittstellen zu externen Geschäften sind immer sehr hilfreich. Das Wichtigste für Sie ist es dann jedoch, zu den potenziellen Kunden auch eine hervorragende Beziehung aufzubauen.

> ***Ich nenne das mein Schnittstellenprinzip: Der Kunde kauft immer nur Sie. Bauen Sie genügend intelligente Schnittstellen auf. Alle Kundenbeziehungen werden immer wieder getestet. Ein Teil Ihrer Arbeit ist, mehr und mehr intelligente und effektive vertrauensbildende Maßnahmen zu finden und sie zum richtigen Zeitpunkt umzusetzen.***

Kundenmanagement oder eigentlich das ganze Geschäftsleben ist wie das Malspiel „Von Punkt zu Punkt“: Dabei sind alle Punkte so miteinander zu verbinden, dass ein sinnvolles Gesamtbild entsteht.

Und noch ein Tipp: Nutzen Sie Sigmund Freuds Erkenntnis: „Der Mensch kann sich gegen einen Angriff wehren, nicht gegen ein Lob." für Ihr Geschäft:

Aufmerksamkeit, Anerkennung, Lob sind starke Helfer auf dem Weg zu loyalen Kunden.

Nehmen Sie zum Beispiel eine Digitalkamera zu jedem Kundenseminar und zu jeder Ihrer Veranstaltungen mit. Machen Sie während des Seminars viele gute Bilder. Vergessen Sie dabei den Rahmen, den Hintergrund, den Veranstaltungsort, nur die Menschen interessieren. Nach Ihrer Veranstaltung senden Sie per E-Mail ein Dankeschön mit einigen Fotos an Ihre Kunden. Es wird wohl niemanden geben, der das nicht zu schätzen weiß.

Ich wiederhole dies ganz bewusst, weil es so wichtig ist. Stellen Sie sich immer die Frage:

Was bleibt positiv im Kopf, und warum bleibt irgendetwas positiv im Kopf?

→ Eine neue, gute Erfahrung

→ Eine kreative Idee mit viel Substanz

→ Eine ungewöhnliche Situation voller Nachdenklichkeit

→ Ein hervorragender Kundenservice

→ Ungeteilte Aufmerksamkeit

→ Klarheit und Einfachheit

→ Gute Umgangsformen

Nutzen Sie diese Punkte für Ihren Erfolg, denn 90 Prozent der Berater tun das derzeit nicht.

Noch eines: Sie sollen den Kopf und das Herz Ihrer Kunden erreichen. Damit werden Sie etwa 90 Prozent Ihrer Kunden gewinnen. Sie werden wesentlich weniger Kunden mit Fakten gewinnen. Sie – und nur Sie alleine – bestimmen Ihren Erfolg.

Nehmen Sie bitte nicht den einfachsten Weg. Den gehen schon die anderen 90 Prozent der Vertriebsleute.

Noch ein Wort zu den A-, B- und C-Kunden: Woran auch immer Sie das festmachen – Umsatz, Bestand oder Potenzial –, eines sollten Sie wissen: 90 Prozent Ihrer B- und C-Kunden sind bei einem anderen Berater oder bei einer anderen Firma A-Kunden.

Was heißt das? Darin zeigt sich, dass Sie es noch nicht geschafft haben, das Potenzial Ihrer Kunden voll auszuschöpfen. Das kann ganz viele Gründe haben. Unter Umständen haben Sie gar nicht die Zeit oder die Kapazitäten dafür. Vielen fehlt vielleicht das Wissen, wie sie diese Kunden auch noch für sich gewinnen können. Mit den oben stehenden Punkten können Sie nicht nur A-Kunden zu noch zufriedeneren A-Kunden machen, sondern auch manchen B- oder C-Kunden zu einem A-Kunden.

Dazu ein praktisches Beispiel, das in vielen Situationen schon ausgezeichnet gewirkt hat: Nutzen Sie die leere Rückseite Ihrer Visitenkarte. Schreiben Sie vor den Augen Ihres Kunden etwas darauf, etwa: „Wenn es finanziell einmal für Sie regnet, rufen Sie mich an. Gemeinsam werden wir eine sehr gute und für Sie passende Lösung finden."

Zusammenfassung:

Bauen Sie Ihre Kundenbeziehungen ganz bewusst und konsequent aus, denn es gibt wenig, was Ihnen auf lange Sicht mehr bringt als hervorragend gepflegte Beziehungen. Nutzen Sie das Truppner-Training, um mit neuen Ideen die Beziehung zu Ihren Kunden noch besser und inniger zu gestalten. Und zielen Sie bei Ihren Aktionen nicht so sehr auf den Verstand wie auf das Herz des Kunden.

4.8 Das Kundengespräch ist wie ein Schachspiel

» *Sehen Sie ein Kundengespräch wie ein Schachspiel. Bauen Sie es planvoll auf und denken Sie immer einige Züge im Voraus. So sichern Sie Ihren Wettbewerbsvorsprung.* «

Bei vielen meiner Gespräche mit Beratern kommt irgendwann die Frage auf: Wie bereite ich mich optimal auf ein Kundengespräch vor? Um diese Frage zu beantworten, bietet sich ein Blick auf erfolgreiche Berater an: Wie bereiten sie ein Kundengespräch vor, wie gestalten sie den Ablauf, und wie führen sie es zum erfolgreichen Abschluss? Das ist eines der wichtigsten Themen und vergleichbar mit einem Schachspiel.

Sie müssen nicht Schach spielen können, Sie müssen sich nur konzentrieren können wie ein Schachspieler. Denn: Der erste Kontakt und die erste Einschätzung entscheiden über Erfolg oder Misserfolg. Sie müssen daher Ihr Gegenüber so schnell und so gründlich wie möglich kennen lernen.

Was ist wichtig für diesen Menschen? Wie tickt dieser Mensch?

Ein weiterer wichtiger Punkt beim Schachspiel ist das Vorausdenken und die Umsetzung. Wie in einem Schachspiel gibt es im Kundengespräch drei Phasen: *die Eröffnung, die intelligente Zwischenphase und das Endspiel.*

Eröffnung

Die Eröffnungsphase umfasst nur fünf Prozent des Gesprächs, diese sind aber die wichtigsten. Die Eröffnungsphase muss kreativ, einfallsreich und intelligent sein. Das heißt: Sie müssen hier kreativ, einfallsreich und intelligent sein.

Entscheidend dabei ist: Der Kunde soll nie warten. Begrüßen Sie ihn herzlich, sprechen Sie ihn mit seinem Namen an. Smalltalk gehört unbedingt dazu. Sprechen Sie über das Wetter, die Anreise oder Ähnliches. Wenn Sie beim Kunden sind, setzen Sie sich nie sofort hin, sondern stellen Sie sich ans Fenster und bewundern Sie den schönen gepflegten Garten. Oder sagen Sie ihm, wie gut Ihnen das Bild an der Wand gefällt. Komplimente und Lob verteilen können Sie ohnehin so viel Sie wollen: die Einrichtung, die schöne Atmosphäre, die gute Ausstrahlung der Wohnung oder des Hauses. Denn vergessen Sie nicht: Der Mensch kann sich gegen alles wehren, nur nicht gegen ein Lob.

Und wozu führt das? Der Kunde wird neugierig auf Sie, auf Ihre interessante Persönlichkeit, Ihre positive Ausstrahlung und Energie. Denn:

Solange Sie Ihre Kunden begeistern, interessieren sich diese weniger für Ihre Wettbewerber.

Zwischenphase

Und das führt direkt zu Phase zwei. Die dauert gut 80 Prozent des Gesprächs. Hier kommt es auf die Substanz an: Jetzt gilt es, die Ist-Situation des Kunden herauszufinden, seine Wünsche und Ziele kennen zu lernen, sein Interesse zu wecken und ihn zu begeistern und zu motivieren. Entwickeln Sie mit ihm eine Soll-Situation.

Entscheidend:

→ Notieren Sie wichtige Punkte.

→ Sprechen Sie den Kunden immer wieder namentlich an.

→ Schenken Sie Ihrem Kunden Aufmerksamkeit, Anerkennung und Lob im Gespräch.

Die Phase zwei des Kundengesprächs ist vergleichbar mit der Phase im Schachspiel, in der Sie den Vorsprung deutlich ausbauen. Sie haben den potenziellen Kunden zu diesem Zeitpunkt gewonnen. Schützen Sie Ihren Kunden jetzt wie den König im Schachspiel. Damit stärken und verbessern Sie Ihr Heute und Ihr Morgen.

Endspiel

Zuletzt die Verabschiedung: Das sind die 15 Prozent des Gesprächs, in denen Sie die wichtigsten der besprochenen Punkte zusammenfassen. Fragen Sie Ihren Kunden, ob alle seine Fragen beantwortet sind, und machen Sie ihm Vorschläge für das weitere Vorgehen. Sorgen Sie dafür, dass der Kunde zufrieden, begeistert und motiviert nach Hause geht. Übernehmen Sie die volle Verantwortung wie in einem Schachspiel. Wichtig ist, dass nach dem Spiel jeder Spieler mit viel Freude und neuen Erkenntnissen nach Hause geht. Wer gewonnen hat? Wie immer, Ihr Kunde und Sie. Nach dem bekannten Motto: Win-Win.

Und eines müssen Sie immer berücksichtigen: Der Kunde hat immer Recht. Oder vielleicht besser: Er will immer Recht haben, dann fühlt er sich wohl. Eine Anekdote dazu, die meinem Vater passiert ist, auch wenn er sie nicht gerne erzählte: Eines Abends kommt eine ältere Dame ins Restaurant. Es war noch früh, es waren noch nicht so viele Gäste da, nur ein paar Stammgäste. Die Dame bestellt etwas zu essen und zu trinken. Als mein Vater ihr die Getränke bringt, bittet sie ihn, die Klimaanlage etwas zu drosseln, es sei zu kalt. Mein Vater sagt ihr das zu. Als er das Essen serviert, ist ihr zu warm. Ob er nicht die Klimaanlage wieder etwas stärker laufen lassen könne.

Das Spiel wiederholt sich noch zwei- oder dreimal, jedes Mal sagt mein Vater sehr geduldig, dass er alles Nötige veranlassen werde. Dann wird es einem der Stammgäste doch zu bunt, und er fragt meinen Vater leise: „Warum lassen Sie sich die Schikanen der Dame gefallen? Die tickt doch nicht ganz richtig!“ Die Antwort meines Vaters: „Es macht mir nichts aus, denn wir haben gar keine Klimaanlage.“

Zusammenfassung:

Kundengespräche sind wie Schachspiele: Sie eröffnen das Spiel und haben es durch Ihre Spielführung in der Hand, das gewünschte Ergebnis zu erzielen: eine Win-Win-Situation zu schaffen. Die Voraussetzungen sind die gleichen wie beim Schachspiel: vordenken, die Züge und Argumente des Gegenübers erahnen und darauf vorbereitet sein. Hier ist wieder Ihre Konzentration gefragt.

4.9 Ihr Kunde ist Ihr bester Trainer

» *Hören Sie Ihren Kunden und potenziellen Kunden sehr gut zu. Analysieren Sie die Reaktionen Ihres Gesprächspartners und lernen Sie daraus. Niemand kann Ihnen bessere Tipps geben als Ihr Kunde.* «

Ein guter Berater beantwortet Fragen, die der Kunde noch gar nicht gestellt hat. Dazu gehört Menschenkenntnis. Diese können Sie schulen. Dazu ist es meiner Meinung nach unverzichtbar, dass Sie sich im Gespräch Notizen machen. Schreiben Sie auf, was bei Ihrem Gesprächspartner gut angekommen ist und was nicht.

Hat er vielleicht auf ein Argument ganz hervorragend reagiert? Dann nutzen Sie dieses für weitere Kunden. Oder hat er bei einem bestimmten Thema hoch interessiert zugehört? Bauen Sie Ihr Wissen über diesen Themenkomplex aus.

Ein Beispiel aus der Praxis: Ein Berater kam zu einem neuen Kunden nach Hause. Wie üblich wurde Kaffee angeboten. Der Berater nahm dankend an, wie immer. Auf die Nachfrage „Milch und Zucker?“ bemerkte er, dass er nur Tee schwarz trinke, Kaffee immer mit Zucker. Daraufhin entspann sich eine kleine Unterhaltung über Tee, den auch der Kunde viel lieber mochte – und natürlich waren sich die beiden sofort sympathisch. Ein Zufall, aber solche Zufälle können Sie provozieren.

Wein sowieso, Tee, selbst Wasser sind immer gute Anknüpfungspunkte. Das habe ich von Kunden gelernt. Sie unterhalten sich gerne über das, was Sie anbieten oder angeboten bekommen. Zum Trinken. Denn vergessen Sie nie: Ihre Produkte interessieren die Kunden nur wenig. Die feine, gute Lösung interessiert die Kunden. Und letztendlich sind Sie es, den die Kunden kaufen.

Deshalb ist es auch einer der größten Fehler von Beratern im Gespräch, sich als allwissend darzustellen. Das kann nur schief gehen, denn zum einen sind Sie es nicht, und zum anderen weiß der Kunde, dass Sie es nicht sind, und empfindet Ihr Auftreten als unangenehm, unsympathisch und anmaßend. Und denken Sie nicht, Sie seien davor gefeit: Viele gute und sehr gute Berater erliegen immer wieder der Versuchung, sich als absolut bester Problemlöser zu profilieren. Oft aus der Angst heraus, in einem Kundengespräch schon so weit gekommen zu sein und dann wegen einer Wissenslücke den Abschluss zu verpatzen.

Das ist immer kontraproduktiv. Geben Sie Wissenslücken und Fehler zu. Ihre Kunden wissen, dass Sie umfassendes Fachwissen haben – und die kleinsten Details kann und muss sich niemand merken.

Vor allem: Haben Sie keine Angst vor der Reaktion Ihrer Kunden. Ob positiv oder negativ, Sie können immer darauf aufbauen.

Der Kunde ist Ihr bester Trainer, vergessen Sie das nicht.

Nehmen Sie sich die Zeit, Ihre Kundengespräche genau zu analysieren. Wie oft haben Sie das Gefühl: „Wenn ich das nicht gesagt hätte, wäre das Gespräch viel besser gelaufen.“? Oder andersherum: „Das war ein Super-Argument, es hat mir das ganze Gespräch gerettet.“? Das Gefühl nützt Ihnen auf Dauer nichts. Lernen Sie daraus.

Setzen Sie sich nach jedem Kundentermin und jedem Telefonat hin und analysieren Sie so objektiv wie möglich. Stellen Sie sich folgende Fragen:

→ Wie beurteile ich das Gespräch?

→ Wie beurteilt mein Gesprächspartner das Gespräch?

→ Bin ich zufrieden?

→ Ist der Kunde zufrieden?

→ Welche Punkte haben funktioniert?

→ Welche Punkte haben nicht funktioniert?

→ Welche Überraschungen habe ich erlebt?

→ Welche davon waren negativ?

Schreiben Sie sich die Antworten auf. Sammeln Sie die Bewertung aus mehreren Gesprächen. Stellen Sie fest, dass Sie einzelne Fehler immer wieder begehen? Dann stellen Sie sie ab. Stellen Sie fest, dass manche Argumente hervorragend funktionieren? Dann verwenden Sie sie öfter.

Denken Sie immer daran, dass ein potenzieller Kunde Ihnen beim ersten Gespräch mit Sicherheit nicht die volle Wahrheit sagt. Er klopft Sie ab, wie Sie auch versuchen, ihn kennen zu lernen. Vielen Finanzberatern geht es so, dass potenzielle Kunden erst einmal ihr Vermögen als relativ gering beziffern, um zu sehen, was der Berater mit dem kleinen, ihm anvertrauten Teil machen würde.

Nehmen Sie deshalb nicht nur die Informationen des Kunden ernst, sondern auch seine Reaktionen.

Viele Sportler, Schauspieler, Vorstandsvorsitzende haben Trainer, die ihnen den besseren Umgang mit Medien, mit Stresssituationen vermitteln oder sie nur mit dem Handwerkszeug des Geschäftsalltages vertraut machen.

Sie haben Ihre Kunden.

Und Sie haben sich selbst: Beobachten Sie sich selbst. Beobachten Sie, wie Sie im Gespräch agieren, wann und warum Sie unsicher wirken, wann und warum Sie überzeugen. Nutzen Sie dieses Wissen schon im nächsten Gespräch.

So verbessern Sie Ihre Gesprächsführung fortwährend – und kommen einem dauerhaften Erfolg sehr nahe.

Wussten Sie, dass sich nur zwei bis vier Prozent aller Kunden beschweren, wenn ein Produkt oder eine Dienstleistung schlecht war? Und wussten Sie, dass bis zu 91 Prozent der Kunden weiterhin mit Unternehmen Geschäfte machen, die die Ursachen für die Beschwerden freundlich aufgenommen und schnell beseitigt haben? Aber 94 Prozent der Kunden, die sich nicht beschweren, obwohl sie einen Grund dazu gehabt hätten, kaufen nie wieder bei dem Unternehmen ein.

Zusammenfassung:

Nehmen Sie Ihre Kunden und deren Bedürfnisse als einzigen Maßstab, gehen Sie auf Ihre Kunden ein und reagieren Sie auf alle Bedürfnisse Ihrer Kunden. Lernen Sie, was der Kunde mag und was ihm nicht gefällt. Verstärken Sie das eine und streichen Sie das andere. Wenn Sie dies stets beherzigen, werden Sie sich immer weiter verbessern.

4.10 Die Bedeutung der Tagesform

> *Der Mensch ist keine Maschine. So sehr er sich auch vorbereitet, aufbaut und motiviert, er wird nicht jeden Tag eine gleich gute Leistung abliefern. Der Unterschied liegt in uns selbst. Das Wissen, wie wir aus einem schlechten Tag einen besseren machen, ist extrem wichtig – und von hohem Wert im Geschäftsleben.*

Stellen Sie sich folgende Situation vor: Am Montag haben Sie drei Kundengespräche, alle drei Kunden schließen bei Ihnen ab. Am Dienstag führen Sie ebenfalls drei Kundengespräche, niemand unterschreibt. Am Mittwoch fragen Sie sich, woran das lag. An Ihrem Fachwissen? Nein. An Ihrem Äußeren? Nein, da hat sich in 24 Stunden nichts geändert. An der Vorbereitung? Nein, denn Sie waren am Dienstag sogar einen Tick besser vorbereitet. Die Antwort ist ganz einfach: Es lag an Ihnen.

Sie waren am Dienstag nicht in der gleichen mentalen Verfassung wie am Montag, Sie hatten nicht die gleiche Gelassenheit. Vielleicht hatten Sie schlechte Laune, was vor allem bei Streit mit der Familie oder Freunden, schlechten Nachrichten, Stau auf dem Weg zum Büro, Krankheiten oder trübem Wetter vorkommt. Aber ungeachtet dessen, was Sie da so heruntergezogen hat, Sie sollten dagegen angehen.

Denken Sie an die Top-Ten-Spieler der Tennis-Weltrangliste. Immer wieder schlägt hier die Nummer acht die Nummer zwei, die Nummer fünf die Nummer eins und so weiter. Und das liegt meistens nicht an den härteren Schlägen, an der besseren Athletik oder Kondition, denn alle Spitzenspieler sind ähnlich gut durchtrainiert. Vielmehr liegt es am Kopf – am festen Willen zu siegen.

Das Gleiche beim Boxen: Henry Maske sagte mir einmal, dass er die wenigen Niederlagen seiner Karriere fast immer vorhersagen konnte. Er war an solchen Tagen weniger hungrig im Kopf, weniger entschlossen – und das schon lange vor dem Kampf.

Sie alle kennen das und haben solche Tage.

Aber gegenüber einem Boxer oder Tennisspieler haben Sie einen Vorteil: Sie können anstehende Termine kürzen oder verschieben, wenn Sie wissen, dass Sie verlieren werden. Und die gewonnene Zeit nutzen, um mit sich selbst zu reden.

In der Regel sind es ein oder mehrere kleine Punkte, die uns den Tag über so beschäftigen, dass wir nicht so leistungsfähig sind wie sonst. Und meiner Erfahrung nach ist es eigentlich immer ein kleiner Punkt, der stört. Diesen Punkt müssen wir aus unserem Unterbewusstsein holen, ihn bewusst machen. Wenn Sie das geschafft haben, können Sie den Rest des Tages – in der Regel – wieder ganz normal arbeiten.

Was sind solche Punkte? Zum Beispiel etwas, was uns in den vergangenen Tagen passiert ist und was wir noch nicht aufgearbeitet haben. Vielleicht hatten Sie einen sehr schlechten Kundentermin, vielleicht Ärger mit Ihrem Partner oder haben beim Tennis dumm verloren.

Nehmen Sie sich die Zeit, diese Punkte für sich zu klären.

Wenn Sie einen Termin in zwei Stunden haben und wissen, dass heute nicht Ihr Tag ist: Nehmen Sie sich eine Stunde und sprechen Sie mit sich selbst. Gehen Sie spazieren, schauen Sie aufs Wasser, machen Sie Nordic Walking (das mache ich gerne) oder fahren Sie mit Ihrem Auto durch die Gegend. Versuchen Sie zu ergründen, was Sie so stört, dass Sie aus dem Gleichgewicht geraten sind.

Machen Sie nicht den Fehler, die Zeit für eine Vorbereitung zu nutzen. Sie sind gut vorbereitet, Sie haben die gleichen Stärken und Schwächen wie gestern, und trotzdem ist das heute nicht Ihr Tag. Also kann es nicht an Ihrer Vorbereitung liegen.

Wenn Sie den Punkt gefunden haben, werden Sie sich besser fühlen. Denn normalerweise ist der Punkt nicht der Rede wert.

Denken Sie an die Aktienmärkte: Auch sie funktionieren zum größten Teil durch Psychologie. Das habe ich in meiner Zeit an der Wall Street gelernt. Ich bin der Meinung, dass nicht nur die Aktienmärkte, sondern fast alle Lebenssituationen durch Psychologie gesteuert oder beeinflusst werden. Ausgeglichenheit und Gelassenheit sind der Schlüssel zu Ihrem Erfolg und zu Ihrem persönlichen Wohlbefinden.

Nehmen Sie sich die Zeit, sich selbst zu finden und sich neu zu entdecken. Denn es kann nicht oft genug gesagt werden: Die Macht der Gewohnheit und Routine hält Sie in etwa 90 Prozent der Zeit davon ab, das eigentlich Wichtige zu tun.

Und denken Sie bitte daran: Nur durch andere Menschen werden Sie erfolgreich. Nur wer sich selbst sehr gut kennt, kann eine hohe Sensibilität für andere Menschen entwickeln und damit eine Win-Win-Situation für alle Beteiligten schaffen. Diese Fähigkeit unterscheidet den erfolgreichen vom dauerhaft erfolgreichen Menschen.

Und wenn Sie sich selbst besser kennen, wissen Sie auch, wie Sie Ihre besten Gedanken, Ideen, Konzepte und Visionen für Ihr Geschäft finden können. Denn auch das ist ein wichtiger Baustein zum Erfolg: anderen immer eine Idee voraus zu sein. Haben Sie einmal ermittelt und analysiert, wie Sie auf die besten Ideen kommen? Ganz einfach: Schaffen Sie sich dafür einen kreativen Freiraum. Dafür reicht es, wenn Sie ein- bis zweimal in der Woche etwas anderes tun und weiter an Ihrem dauerhaften Erfolg arbeiten.

Zusammenfassung:

Wer sich selbst kennt, der kann auch seine Tagesform einschätzen. Und wer sich die Zeit nimmt, die Gründe für einen schlechten Tag zu suchen, wird den störenden Punkt auch finden. Und wenn Sie ihn gefunden haben, ist das Problem in der Regel auch schon beseitigt. Denn die Störfaktoren sind in der Regel Nichtigkeiten, die leicht aus der Welt zu schaffen sind.

4.11 Denken, vordenken, nachdenken

> *Ich bin ein großer Freund des Denkens. Vielleicht weil meine Oma immer sagte: „Denk selbst“, wenn ich etwas zu Einfaches von ihr wissen wollte. Sicherlich aber, weil ich im Laufe meines Berufslebens gesehen habe, dass viele Menschen zu wenig denken. Und wie einfach es deshalb ist, sich durch Denken Vorteile zu verschaffen.*

Als ich vor etlichen Jahren nach Deutschland kam, wunderte ich mich zunächst sehr über das Land der Dichter und Denker. Ich dachte, hier würde jeder denken. Dann lernte ich, dass hier vor allem nachgedacht wird. Verzeihen Sie einem damals der deutschen Sprache noch nicht wirklich mächtigen Amerikaner, dass er das Wort merkwürdig fand: Jemandem etwas nachzudenken schien mir nicht sehr interessant.

Nun ja, nach einer Weile erklärte mir meine Frau, eine denkende Deutsche, dass nachdenken eigentlich nur denken heißt, aber die damit verbundene Anstrengung ausdrückt. Denken mit Anstrengung, das ist wieder sehr deutsch und sehr sympathisch. Und es ist sehr bemerkenswert, denn diese Anstrengung nehmen auch in meiner alten Heimat USA nur sehr wenige Menschen auf sich.

Ich fragte meine Frau dann, wer unter all den Nachdenkern eigentlich in Deutschland vordenke. Sie sagte, dass es tatsächlich so genannte Vordenker gebe. Sie würden sich dadurch auszeichnen, dass sie etwas denken, was vorher noch keiner gedacht hat oder zumindest keiner denken wollte. Vor allem in der Politik fänden sich solche Vordenker.

Eine ebenfalls spezifisch deutsche Art des Denkers ist ja auch der Querdenker, der wiederum bereits Gedachtes in einen neuen Zusammenhang stellt und damit aneckt.

All das gibt es in den USA so nicht, und das ist ein großer Vorteil für Deutschland. In den USA werden Denkfabriken, so genannte „think tanks", dafür ins Leben gerufen, bestimmte Themen aus einer bestimmten Sicht zu durchdenken – und möglichst zu einem bestimmten Ergebnis zu kommen. Auch eine interessante Variante, die in Deutschland mittlerweile Schule macht. Es ist wie bei dem Spiel Jeopardy: Die Antwort ist vorgegeben, und der Kandidat muss die Frage erraten. „Vom Ende her gedacht" ist der deutsche Begriff, der vielleicht am besten passt. Und es ist nichts Schlechtes, um das gleich klar zu sagen.

Denken, nachdenken, vordenken, querdenken, durchdenken oder vom Ende her denken. Das sind Ihre Aufgaben.

Sie haben das Buch bis hier gelesen. Danke dafür. Ich habe Ihnen viele kleine und größere Methoden und Tipps an die Hand gegeben, mit denen Sie Ihr Leben und Ihr Geschäft dauerhaft erfolgreich gestalten können. Ich habe Ihnen gesagt, dass es bei Ihnen liegt, das alles umzusetzen.

Das Wichtigste von all dem aber ist:

Denken Sie.

Wieder sind es etwa 90 Prozent der Menschen, die viele Punkte in ihrem Geschäftsleben nicht ganz zu Ende denken. Oder sich erst gar nicht die Mühe machen, auch nur den Anfang zu denken.

Stellen Sie sich auf die Seite der zehn Prozent, die ihr Schicksal selbst in die Hand nehmen und denken.

Und wieder: Stellen Sie sich Fragen – zum Beispiel danach, woran Sie bisher nicht gedacht haben.

Die Antwort darauf hat viel mit Ihren Gewohnheiten zu tun, mit Ihrer Komfortzone, Ihrem bisherigen Lebensrhythmus und Ihrer Arbeitsweise.

Denken Sie einmal an das, woran Sie sonst nie denken. Vielleicht weil Sie es bereits vor Jahren schon einmal als unnötig oder unnütz abgetan haben. Oder weil es Ihnen zu weit hergeholt erscheint. Manchmal sind es genau diese Dinge, mit denen wir weiterkommen.

Wer etwas Neues tun will, muss auch etwas Neues denken.

Nutzen Sie deshalb bewusst und konsequent die Methoden, die ich Ihnen an die Hand gegeben habe, um auf gute neue Gedanken und Ideen zu kommen. Nehmen Sie sich Zeit dafür, richten Sie eine Nische in Ihrem Tagesablauf ein, in der Sie denken.

Und wenn Sie auf gute Gedanken kommen, halten Sie sie fest.

Nichts ist schlimmer, als sich bei einer guten Idee nur noch daran zu erinnern, sie gehabt zu haben. Beugen Sie dem vor. Schreiben Sie alle guten Ideen auf.

Dabei bin ich, wie Sie wissen, ein Freund des Vergessens. Zumindest wenn es um Dinge geht, die uns belasten und unsere Denkkapazität blockieren. Mit Dingen, die wir nicht brauchen.

Ich bin ein noch größerer Freund des Behaltens. Und das vor allem, wenn es um gute Ideen geht. Denn die sind das Wichtigste, was wir brauchen.

Gute Ideen sind flüchtig. Ich kenne etliche Menschen, die mir immer wieder sagen: „Schade, gestern beim Spazierengehen kam mir eine tolle Idee, aber heute habe ich sie nicht mehr im Kopf." Manchmal geht mir das ganz offen gestanden genauso. Ich habe die besten Ideen, wenn ich mit Freunden oder alleine im Taunus zum Nordic Walking unterwegs bin. Und ich vergesse sie sofort wieder, wenn ich sie nicht aufschreibe.

Deshalb noch einmal mein Appell an Sie: Schreiben Sie alle guten Ideen auf.

Nochmals zum Denken: Es ist sehr gut, wenn Sie neue Ideen haben und neuen Gedanken Raum geben. Aber denken Sie die Dinge zu Ende. Versuchen Sie, vielleicht auch zusammen mit Freunden oder Kollegen, die Tragfähigkeit von Ideen zu prüfen. Versuchen Sie, aus einem guten Punkt eine gute Strategie zu machen. Und setzen Sie diese Strategie dann so schnell wie möglich um.

Denn eines sind gute Geschäftsideen selten: lange haltbar. Zwar denken 90 Prozent der Menschen zu selten oder gar nicht. Aber zehn Prozent denken genauso viel oder sogar mehr als Sie. Und da kann eine gute Idee schnell auch einem Konkurrenten in den Sinn kommen. Deshalb: Setzen Sie Ihre Ideen sofort oder so schnell wie möglich um.

Und um noch einmal auf einen Lieblingspunkt von mir zu kommen: Denken Sie vor. Um erfolgreich zu sein, müssen Sie anderen immer um eine gute Idee voraus sein und bleiben.

Zusammenfassung:

Werden Sie zum Meister des Vordenkens. Kommen Sie früher auf bessere Ideen als Ihre Konkurrenten. Denken Sie Ihre Ideen und Pläne für Ihr Geschäft bis zu Ende. Wenn Sie das bewusst und konsequent angehen, sind Sie den anderen immer den entscheidenden Schritt voraus, um dauerhaften Erfolg zu erreichen.

Epilog

Genießen Sie Ihre Erfolge

» *Jeder Mensch braucht Erfolgserlebnisse. Dahin zu kommen ist ganz einfach. Wenn Sie auch nur einen Teil des Truppner-Trainings umsetzen, stellen sich Erfolge automatisch ein. Jetzt müssen Sie sie nur noch aufschreiben, um sich daran erfreuen zu können.* «

Erfolge zu messen ist schwer.* Wer kann Sie und Ihre Leistungen am besten bewerten? Sie natürlich. Nutzen Sie das Truppner-Training, um regelmäßig, am besten jeden Tag, Ihre Erfolge aufzuschreiben.

→ Stellen Sie sich folgende Fragen:

... *Was war mein größter Erfolg an diesem Tag?*

... *Wo habe ich gute Teilerfolge erzielt?*

... *Was hat mich besonders gefreut?*

... *Wann war ich glücklich heute?*

* Siehe gesonderte Beilage »Das Truppner-Training«

Notieren Sie Ihre Erfolge. Erfreuen Sie sich an Ihren Erfolgen. Und sehen Sie sie immer als einen Zwischenschritt auf dem Weg zu noch größeren Erfolgen. Der Begriff „Erfolg“ ist dabei ein sehr subjektiver Begriff, das weiß ich wohl. Für ihn gibt es keine allgemein verbindliche Definition. Sie selbst sind es, der mit seinen Zielen und seiner Liste der Wesentlichkeiten die Bedeutung von Erfolg bestimmt. Wenn Sie Ihre selbst gesteckten Ziele erreichen, dann sind Sie erfolgreich. Und wenn Sie auf diesem Weg immer weiter gehen, dann werden Sie dauerhaften Lebenserfolg erreichen.

Portrait Stuart Truppner und Fidelity

Wer ist Stuart Truppner, und was kann er für Sie tun?

Unschlagbares Branchen-Know-how

Stuart Truppner arbeitet seit 1993 für Fidelity in Deutschland – und hat in dieser Zeit Zehntausende von Beratern persönlich kennen gelernt. Und Hunderte von Unternehmen aus allen Branchen, die ebenfalls von Truppners Branchenerfahrung profitieren wollen.

Unterwegs für Fidelity

Dabei hat er sich immer als Beziehungsmanager gesehen und nicht als Verkäufer. Fidelity hat dieses in Deutschland wohl einzigartige Talent erkannt: Stuart Truppner ist seit Jahren vor allem als Referent, Coach oder Trainer unterwegs, um Berater und Geschäftspartner zu unterstützen.

Motivation und Humor

Vor allem seine Seminare haben sich zu einer Institution entwickelt: Sie zeichnen sich aus durch Lebhaftigkeit und intelligenten Spaß – und durch Truppners ausgeprägte Motivationskunst. Seine Roadshow zieht regelmäßig Hunderte Gäste an, die nicht nur wegen der vielen guten Informationen, sondern auch wegen seiner Persönlichkeit kommen.

Und immer viel mitnehmen: Als Referent schafft er es, jedem Einzelnen etwas zu vermitteln – sei es ein kleiner Vertriebstipp, eine gute Cross-Selling-Idee oder ein Stück Lebensweisheit.

Wo kommt Stuart Truppner her? Ein kurzer Lebenslauf

Stuart Truppner wurde in Brooklyn, New York, USA, geboren und wuchs dort auf. In New York begann er auch seine Berufslaufbahn und arbeitete acht Jahre lang an der Wall Street bei der Deutschen Bank. Stuart Truppner war im Bereich Aktien, Renten, Investmentfonds und Devisen tätig und hatte dort permanenten Kontakt zu den Kunden.

1993 wechselte Stuart Truppner zu Fidelity International und baute dort den Vertrieb in Deutschland mit auf. Seither hat er sich als „Außenminister von Fidelity“ und „Vertriebslegende“ in der Finanzbranche einen Namen gemacht – dank seines exzellenten Beziehungsmanagements und mit seinen Seminaren für Berater und deren Kunden.

Laut dem Finanzmagazin „Cash.“ gehört Stuart Truppner zu den renommiertesten Referenten in Deutschland. Aber auch als Coach und als Partner für Brainstorming ist Stuart Truppner sehr gefragt.

POWERTOOLS FÜR DIE TECHNISCHE ANALYSE
DER WEG ZUM PROFI TRADER
MICHAEL PARNESS
GREENSPANS BETRUG
Neue Wege der betrieblichen Altersversorgung
Die besten Anlagestrategien der Welt
DIE BESTEN BÖRSENSTRATEGIEN
DEUTSCHE SUPER INVESTOREN AUS GRAHAM- UND DODDSVILLE
AKTIEN STRATEGIEN
DIE FAMILIE und ihr UNTERNEHMEN in Österreich
DIE GRÖSSTEN GEHEIMNISSE des TRADENS
Die INVESTMENT STRATEGIEN der Profis
INDIA
Investmentfonds
Morgen ohne SORGEN
Das LEMMING PRINZIP
MIT SICHERHEIT ERFOLGREICH
Buffett
ENZYKLOPÄDIE DER TECHNISCHEN INDIKATOREN

ERFOLGREICH MIT AKTIEN!
Rohstoffe und Financial Futures handeln
Tools & Tactics for Master Trader
COMMITMENTS OF TRADERS
GOLD
Come Into My TRADING ROOM
Christiane Engelhardt
Wir schaffen das!
JIM ROGERS
ROHSTOFFE
Zukunftsmarkt Asien
Mich legt keiner mehr rein
TAGE DER ABRECHNUNG
ERFOLGREICH MIT EIGENEN HANDELS SYSTEMEN
DER GROSSE ROHSTOFF-GUIDE
Das große Buch der Markttechnik
DER ÖL FAKTOR
STEPHEN LEEB
Der große CRASH 1929
TRUMP
Wie man reich wird
DONALD J. TRUMP
Technische Analyse der Finanzmärkte
John J. Murphy
Der ultimative TRADING-GUIDE
John Hill
Anlegen in Hedge Fonds
Steve Nison
Technische Analyse mit Candlesticks
Robert Prechter
Das Elliott-Wellen-Prinzip
MONEY MANAGEMENT

ERFOLGREICH MIT
AKTIEN!
simplified
Alles, was Sie über die gängigste Anlageform wissen müssen
Investor Verlag
ANLEIHEN
simplified
Nutzen Sie die Zinsen für sich
Investor Verlag
BÖRSEN-LEXIKON
simplified
Börsenwissen von A–Z
Investor Verlag
CFDs
simplified
Contracts for Difference
Verstehen – Einsetzen – Gewinnen
Investor Verlag
DIE BESTEN CHARTMUSTER
simplified
7 Chartformationen, mit denen Sie beständig Geld verdienen
Investor Verlag
CHART-TECHNIK
simplified
So analysieren Sie den Markt
Investor Verlag
DERIVATE-LEXIKON
simplified
Derivate von A–Z
Investor Verlag
DEVISEN-HANDEL
simplified
Geld verdienen mit Forex & Co.
Investor Verlag
DIE BESTEN DIVIDENDEN-STRATEGIEN
simplified
Mit den richtigen Werten Geld verdienen
Investor Verlag
EMERGING MARKETS
simplified
Von den aufstrebenden Märkten profitieren
Investor Verlag
EUREX
FUTURES UND OPTIONEN
simplified
Erfolgreich an der größten Terminbörse der Welt
DIE RICHTIGE
FINANZ-PLANUNG
simplified
Damit Sie morgen ohne Sorgen leben können!
Investor Verlag